KB182387

비즈니스 블록체인

비즈니스 블록체인 탈중앙화 기술이 앞당긴 인터넷 혁명과 비즈니스 기회

초판 1쇄 발행 2017년 5월 2일
초판 5쇄 발행 2018년 2월 28일

지은이 윌리엄 무가야 / **옮긴이** 박지훈, 류희원 / **펴낸이** 김태헌
펴낸곳 한빛미디어(주) / **주소** 서울시 서대문구 연희로2길 62 한빛미디어(주) IT출판부
전화 02-325-5544 / **팩스** 02-336-7124
등록 1999년 6월 24일 제10-1779호 / **ISBN** 978-89-6848-359-2 93000

총괄 전태호 / **책임편집** 김창수 / **기획 · 편집** 이상복 / **교정** 백지선
디자인 표지 · 내지 최연희 조판 백지선
영업 김형진, 김진불, 조유미 / **마케팅** 박상용, 송경석, 변지영 / **제작** 박성우, 김정우

이 책에 대한 의견이나 오탈자 및 잘못된 내용에 대한 수정 정보는 한빛미디어(주)의 홈페이지나 다음 이메일로
알려주십시오. 잘못된 책은 구입하신 서점에서 교환해드립니다. 책값은 뒤표지에 표시되어 있습니다.
한빛미디어 홈페이지 www.hanbit.co.kr / **이메일** ask@hanbit.co.kr

The Business Blockchain

지금 하지 않으면 할 수 없는 일이 있습니다.
책으로 펴내고 싶은 아이디어나 원고를 메일(writer@hanbit.co.kr)로 보내주세요.
한빛미디어(주)는 여러분의 소중한 경험과 지식을 기다리고 있습니다.

탈중앙화 기술이 앞당긴
인터넷 혁명과
비즈니스 기회

비즈니스

블록체인

윌리엄 무가야 지음
박지훈, 류희원 옮김

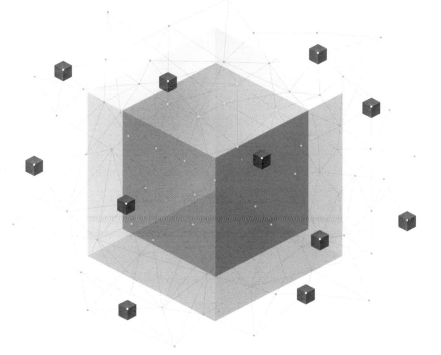

H 한빛미디어
Hanbit Media, Inc.

늘 내 편이 되어주시는
부모님,
어떤 일도 가능토록
내게 힘을 북돋아주는 동반자 모린,
그리고 내 가슴속에 영원히 잠든
작지만 용감했던 비숑프리제
파샤에게 이 책을 바칩니다.

지은이 · 옮긴이 소개

지은이 **윌리엄 무가야** William Mougayar

기업가, 투자가, 스타트업 멘토, 대기업 고문으로서 블록체인 기술, 탈중앙화, P2P 모델을 전문적으로 연구하고 있다. 탈중앙 P2P 커머스를 개척한 오픈바자 오픈 소스 프로토콜을 만든 OB1의 이사이기도 하다. 또한 이더리움 재단, OMERS 벤처스, 코인 센터, 블로크 등의 특별고문 및 사외고문을 맡고 있으며, 스타트업 매니지먼트의 창립자이다. 인터넷 초기에 포춘 500대 기업을 컨설팅했던 커머스넷 캐나다의 창립회장이었다. 가장 정교한 블록체인 비즈니스 사상가로 평가받는다.

옮긴이 **박지훈** alexjipark@gmail.com

현재 삼성전자 소프트웨어연구소에서 블록체인을 주제로 C-Lab 프로젝트를 주도하고 있으며, 다년간 서비스 개발 및 머신러닝 프로젝트에 참여하였다. 블록체인과 IoT를 접목한 비즈니스 모델 개발로 시대적 패러다임의 긍정적 진보를 꿈꾸는 개발자이다. 옮긴 책으로 『컨텍스트의 시대』(공역)가 있다.

옮긴이 **류희원** heewryu@gmail.com

이화여대 중어중문학 및 고려대 경영전문대학원(KMBA)을 졸업하고 싱가포르 난양 이공대학(NTU) MBA 교환학기를 수료하였다. 기술, 문화, 예술 방면의 콘텐츠 생산자들이 창업을 통해 세상을 보다 이롭고 풍요롭게 만드는 일에 관심이 많다. 옮긴 책으로 『컨텍스트의 시대』(공역)와 『내 작은 디자인 회사』(공역)가 있다.

비트코인, 이더리움, 스마트 계약, 블록체인 이러한 혁신 기술이 세상을 변화시킬 거라고들 한다. 인터넷이 데이터 전달과 정보 독점의 문제를 해결했듯, 블록체인은 데이터의 신뢰 문제를 해결해줄 것이다. 우리가 믿고 있었던 기존의 신뢰 체계에 대변화가 생기는 셈이다.

블록체인 기술을 이해하는 것도 중요하지만 사용자에게 어떠한 가치를 담아 전달할지에 대해서도 고민을 해야 한다. 블록체인이라는 새로운 개념으로 우리가 무엇으로부터 자유로워질 수 있는지, 무엇을 변화시킬 수 있는지, 그리고 그 속에서 우리가 무엇을 할 수 있는지 고민할 시점이다. 이 책이 블록체인 혁명에 동참할 수 있도록 여러분을 도와줄 것이다.

_**어준선**, 코인플러그 CEO

블록체인은 기존 산업구조를 혁신하고, 새로운 경제적, 사회적 세계관을 제안한다. 이미 전 세계의 발 빠른 인재들이 이에 참여하고 있고 수백 개의 프로젝트들이 진행되고 있다. 이 책은 이러한 현재 진행 중인 사례를 바탕으로 블록체인이 그려나갈 미래를 조망한다. 사업과 사업의 패러다임 변화에 초점을 맞추며, 치밀한 논리 전개와 깔끔한 번역이 돋보인다.

_**한승환**, 피넥터 대표, 텐더민트 고문이사

경험의 중요성

나는 현재 블록체인을 활용한 서비스 개발 프로젝트를 이끌고 있으나 그 시작은 빠르지도 확신에 찬 상태도 아니었다. 2014년 중반에 해외에서 벤처 투자가로 활약 중인 한 블로거의 테스트 참여 권유로 비트코인을 실제 사용해볼 기회가 주어졌다. 2013년 말 비트코인의 가치가 급등하여 그 존재 자체는 인식하기에 충분했으나, 인터넷에만 존재하는 가상 화폐란 싸이월드의 도토리 정도라고 여기는 사람이 적지 않았다.

벤처 투자가인 블로거는 자신이 게시한 블로그 글에서 비트코인으로 팁을 주는 실험 중이었다. 실험 참여자는 그 블로거에게 단 한 가지 정보만 넘겨주면 되었다. 앱스토어나 구글 플레이에서 임의의 비트코인 지갑 하나를 다운받아 본인의 스마트폰에 설치했을 때 그 지갑에서 자동으로 생성된 34개의 문자로 이루어진 주소였다. 내 비트코인 지갑의 주소를 블로거에게 전달한 지 만 하루가 되기 전에 0.001 BTC, 즉 당시 기준으로 약 250원이 내 지갑에 입금되었다. 팁 기능을 테스트하기 위해 해당 블로그로 가서 평소 좋아하던 투자 관련 게시물의 '팁' 버튼을 클릭하였다. 몇 분 후 내 지갑의 잔고는 0이 되었지만, 그 옛날 도토리로 음원을 구매하던 경험과는 사뭇 다르게 느껴졌다. 나는 지갑을 다운받아 그 주소를 공유한 것밖에 없었다. 스마트폰을 통한 본인 인증 같은 복잡한 절차는 필요 없었다. 싸이월드라는 단일 서비스 안에서만 통용되는 디지털 가상 화폐도 아니었다. 간단한 주소 획득을 통해 어디서든 적용 가능한 가상 화폐는 매우 신선한 경험이었다. 이로 말미암아 비트코인의 동작 원리와 온갖 기술 관련 궁금증이 꼬리에 꼬리를 물고 이어졌다.

2014년 당시에는 비트코인의 동작 원리에 대한 상세히 알려주는 국내 자료가 많지 않았다. 나는 나카모토 사토시의 논문을 시작으로 깃허브에 공개된 안드레아스 안토노풀로스의 책 『Mastering Bitcoin』을 참고하여 비트코인 소스 코드를 분석하기 시작했다(안드레아스의 책은 2015년 후반에 들어 번역본이 출간되었다). S/W 경력 10년의 개발자에게 비트코인의 기반 기술인 블록체인 그 자체를 이해하는 것은 어렵지 않았다. 블록체인은 해시, 암호화, 데이터베이스 등 잘 알려진 기술들을 적재적소에 잘 조합해놓은 것이었다. 단지 경제적 인센티브를 통해 네트워크의 보안을 강화한다는 점이 매우 참신했다. 화폐라는 가치가 부여된 대상을 다루는 네트워크임에도 불구하고 해커들이 해당 네트워크를 장악함으로써 얻는 경제적 가치가 제로를 넘어 마이너스도 가능한 기술 조합이었다. 해킹에 따르는 높은 에너지 비용과 불확실한 성공률은 공격의 동기를 꺾기에 충분했다(현재 중국 등 여러 나라에서 비트코인 네트워크 장악을 시도할 법한데도 앞서 언급한 이유로 비트코인은 안정적으로 운영되고 있다).

블록체인은 기술적으로는 거의 완벽하다. 다만 기존의 금융 및 여러 서비스를 비트코인 블록체인 기반으로 대체할 것을 제안하는 서비스들을 접할수록, 현재도 별문제 없이 잘 사용하고 있는데 굳이 새로운 것이 필요할까라는 궁금증이 머릿속에 맴돌았다. 사내 스터디를 결성하여 집단

지성을 구축해보았으나 그 당시는 명쾌한 답을 구하지 못했다. 나와 동료들을 가로막은 벽은 기술적 난해성에서 비롯된 것이 아닌 인식의 벽이었다. 다소 철학적으로 들리지만 인식의 벽을 허물기 위해서는 직접 경험이 매우 중요하다. 비트코인 지갑을 설치하고 비트코인을 활용한 여러 서비스를 직접 사용해보는 것을 말한다. 다른 차원의 간편한 경험, 절차상의 간소화를 경험하는 일이다.

가치에 대한 신뢰

다음으로, 기존 인터넷 서비스들의 동작 원리를 재차 살펴봐야 한다. 이들은 공통적으로 '신뢰' 요인을 지닌다. 우리가 이메일, 온라인 쇼핑, SNS 등을 이용하는 이유는 해당 서비스 제공자를 '신뢰'하기 때문이다. 이미 여러 가지 해킹 사건으로 이런 신뢰 관계에는 금이 간 상태지만 여전히 우리는 신뢰함으로써 얻는 이익이 크다는 판단으로 해킹을 대수롭지 않게 여기고 있는지도 모르겠다.

　더 간단한 예를 들어보자. 우리의 일상에서 신용카드가 없는 삶은 생각하기 어렵다. 신용카드는 두툼한 지갑을 들고 다닐 필요를 없애준 고마운 존재이다. 신용카드 회사는 은행을 통하거나 서류로 입증된 신용도를 믿고 카드 사용자에게 결제할 권리를 준다. 이 말은 곧 그 신용이 위조된 서류에 기반을 둔 것이라면 신용카드 회사가 심각한 재정 위기에 처할 수도 있음을 뜻한다.

돈은 훨씬 근본적인 예이다. 우리가 현재 쓰고 있는 천 원, 만 원 등의 화폐는 한국조폐공사에서 발행한다. 국가라는 조직을 믿고 통용되는 가치의 일종이다. 국가를 담보로 한 신뢰는 꽤 안전해 보이나 2009년 그리스 파산 사태를 떠올리면 국가 또한 절대적인 신뢰도를 가지지 못한다는 것을 알 수 있다. 이러한 제3 신뢰 기관trusted third party이 필요 없는 거래 체결이 비트코인의 근본 철학이며, 바로 이것이 왜 블록체인이 필요한가에 대한 답을 어느 정도 제시한다. 비트코인 기반 기술, 즉 블록체인의 가능성은 이 질문에 대한 궁금증이 해소된 후 직시할 수 있다.

런던 엑스포에서 접한 외국 사례

원서 출판 이후 진행되었거나 새롭게 논의되고 있는 해외 사례를 국내 독자에게 소개하고자 2017년 1월 런던에서 열린 블록체인 엑스포를 방문했다. 해외 다수의 국가에서 이미 블록체인 2.0 서비스를 현실에 적용하고 있었다. 단순한 디지털 가상 화폐 거래가 블록체인 1.0이라면 블록체인 2.0은 화폐뿐만 아니라 디지털 자산을 비롯한 응용프로그램(스마트 계약) 등을 블록체인에서 관리할 수 있게 하여 범용성이 확대된다. 런던은 정부 차원에서 블록체인 도입을 고려하는 적극적인 도시 중 하나이다(한편 블록체인을 적용한 서비스가 가장 활발한 도시는 베를린이다).

엑스포의 기조 연설자 중 단연 눈에 띈 사람은 이노베이트 UK(영국 정부 산하 기관)의 수석 기술자 조니 분Jonny Voon이었다. 그는 정부가 스마트 계약을 적극적으로 활용하면 부처 간 실시간 소통을 실현할 수 있다고 밝혔다. 또한 영국의 오픈 데이터 운동에도 블록체인을 적용할 예정이며 정부의 분산 원장 사용자로서의 역할을 면밀히 파악하고 있다고 언급했다. 2016년 초 영국 정부는 블록체인 보고서를 발간한 바 있다.

기술자들로만 북적일 것 같던 블록체인 엑스포에는 예상외로 법조계 인사들도 다수 참여했다. 변호사의 업무 중 하나가 계약 분쟁 발생 시 사태를 파악하고 조정하는 역할이기 때문에 스마트 계약에 큰 관심을 보였다. 스마트 계약을 이용하여 당사자 간의 계약을 블록체인에 명시하면 위변조가 불가하여 분쟁 소지가 줄어든다. 엑스포에서 만난 변호사들은 블록체인과 스마트 계약이 법조계에 미칠 영향력에 대해 수긍하며 일반 계약을 블록체인의 스마트 계약으로 구현하는 과정에 대한 여러 가지 질의를 했다. 실제 몇몇 서비스들이 개념 증명 수준으로 구현이 되어 있었다.

에너지 산업은 블록체인 2.0의 적용 분야로 자주 언급된다. 특히 태양열을 비롯해 자가발전 시스템을 집에 갖추는 것이 보편적인 해외에서는 집에서 생성한 에너지를 인근의 주민들에게 투명한 방법으로 판매하는 것에 관심이 높다. 블록체인을 이용하면 투명하게 사용량만큼 요금을 지불하며 중앙 시스템 없이도 실시간으로 에너지를 관리할 수 있어 주목을 받았다. 전기 자동차 시장에서도 다른 집의 충전소를 이용했을 때 충전된 전기 용량을 블록체인과 연계된 스마트 미터로 정확히 측정하고, 충전이 완료되는 즉시 가상 화폐로 지불하게 하는 솔루션이 구축되었다. 런던 기반의 스타트업인 스마트 4.0$^{Smart\ 4.0}$은 이 같은 접근법을 수자원 관련 프로젝트에도 활용 중이다.

부동산 또한 블록체인 이용 시 거래 청산의 즉시성, 소유 기록의 투명성, 위변조 불가성이 극대화될 수 있는 분야이다. 엑스포에서 소개된 스타트업인 프로피^{Propy}은 해외 부동산 구입 서비스를 블록체인 기반으로 구축하여 입지를 굳혀가고 있었다.

IoT 관련 사례는 주로 공유 경제와 연계되었다. 특히 마모루^{Mamoru}라는 베를린 스타트업은 자전거 공유 서비스를 블록체인에서 구현하여 소유 문제를 해결했다. 자전거의 실시간 소유자, 대여 내역, 기간, 요금 등의 정보를 블록체인에 기록하여 관리한다. 대여 정책 위반 시 해당 기록은 영원히 블록체인에 저장되어 추후 이용 시에는 자동으로 벌금이 부과된다. 베를린은 자전거 도난이 비일비재하다는데 자전거에 블루투스 기반의 스마트 태그를 심어 추적 가능토록 했다. IoT와 공유 경제가 어우러진 비즈니스 모델에서 블록체인의 역할이 명확해 보였다.

엑스포를 통해 블록체인을 활용하려는 다양한 방면의 움직임을 포착할 수 있었다. 다수의 이해관계자가 블록체인의 특장점을 극대화하기 위해 협업하는 모습에서 구체화된 결과물을 볼 날이 머지않았음을 직감했다.

한국의 블록체인 사례

우리나라의 경우는 어떨까? 한국 블록체인의 대표 선두 주자 코인플러그의 어준선 대표와의 인터뷰 내용을 소개한다.

코인플러그는 5년 전 비트코인 거래소, 전자 지갑을 시작으로 블록체인 기술을 활용하여 핀테크 업계를 선도하고 있다. 파이도레저Fidoledger 비공개 블록체인을 기반으로 해외 송금, 개인 인증, 비대면 증빙 자료 보관, 포인트 전환 서비스 등을 KB금융그룹, 신한카드 등과 협업하여 상용화하였다. 규제가 심한 금융권에서 블록체인이 보편화될 것인가라는 질문에 어 대표는 지금 당장은 한계가 존재한다고 답했다. 가능성은 충분히 확인했으나 기능에 대한 의구심보다는 거버넌스 이슈와 발생한 문제에 관한 책임 이슈, 정보 보호 기준 등을 금융권에서 반드시 해결해야 하며, 코어 뱅킹까지 블록체인을 적용하려면 3년에서 5년 정도의 시간이 필요할 것으로 예견했다.

어 대표는 한국에서 금융권 외에 블록체인 적용을 놓고 활발한 논의가 펼쳐지고 있는 곳이 바로 공공 부문을 포함한 비금융 영역이라고 말했다. 여러 공공 부문에서 종이 없는paperless 업무 처리, 인증, 투표, 기부금, 보안, 전자 계약, 토지대장, 부동산등기 등 블록체인을 활용하여 정보의 투명성과 정보 공유를 보장하려는 의지가 있고, 특히 예산과 복지 기금에 대한 투명성과 신뢰성 확보가 필요한 시점임을 역설했다. 블록체인을 활용하여 복지 기금 및 기부금을 관리하면 지방정부는 예산의 비효율성을 극복하고 투명성 제고를 통해 사회적 변화를 이끌 수 있다.

공공 부문 외에도 비금융권에서 블록체인이 적용될 만한 분야로는 IoT, 교육, 공급망, 저작권, 공유 경제, P2P, 그리고 헬스케어를 꼽았다. 금융권에 비해 규제가 많지 않아 여러 시도가 가능하다. 특히 공급망은 수출 시 통관 및 배송 그리고 신용장 정산 처리가 되는 데까지 엄청난 시간이 소요된다. 이를 블록체인상에서 처리하면 거래 청산소를 통하지 않고 비용이 즉시 청산될 수 있기에 관련 업체는 그만큼 자금 유통이 원활해진다.

어 대표는 다수의 개체가 참여하고 서로 복잡한 거래가 얽혀 있는 상황 또는 다수의 거래가 처리되며 다자간의 계약에 자동화가 필요한 영역이 블록체인의 블루오션이라고 언급했다. 블록체인은 새로운 기술이 아니라 존재하는 기술을 융합하여 만든 새로운 신뢰 개념으로, 모든 영역의 만능열쇠가 되지는 못한다.

즉 블록체인을 적재적소에 활용할 능력을 갖추기 위해서는 블록체인의 철학과 동작 방식을 정확히 파악해야 한다. 이 책『비즈니스 블록체인』이 블록체인을 바라보는 안목과 통찰력을 길러주리라 믿는다.

번역을 마치며

블록체인 후발 주자 한국에서도 블록체인 가능성에 대해 활발하게 논의가 이루어졌으면 하는 바람으로 이 책을 번역하였다. 기술이 생경하다는 이유만으로 블록체인의 가능성을 파악하려는 시도조차 하지 않는 사람들의 안타까운 모습을 지켜보고만 있을 수 없었다. 비즈니스 관점에서 블록체인의 가능성을 설명해주는 이 책은 논의의 시발점이 되기에 충분하다. 윌리엄 무가야는 블록체인 이전에 인터넷의 가능성 역시 남보다 먼저 파악하여 사업을 일궜다. 그의 통찰력을 지지대로 삼아 국내 독자들이 탈중앙화 세상을 이끌어가는 선구자로서 다방면에서 활약하기를 진심으로 바란다.

본 번역 작업을 시작으로 블로그(https://businessblockchainkr.wordpress.com)와 페이스북 페이지(https://www.facebook.com/businessblockchainkr)를 통해 지속적으로 해외 사례를 소개하고 블록체인을 소재로 한 글을 이어나갈 예정이다.

옮긴이 대표 **박지훈**

오늘날은 탈중앙형 기술의 발전사에서 꽤 흥미로운 시기이다. 지금까지 수많은 암호 전문가, 수학자, 코딩 기술자가 가상 화폐, 전자 투표, 파일 전송에 이르기까지 다양한 시스템의 구현에 쓰여 더욱 강력한 보안과 사실 입증을 책임져줄 진화된 프로토콜[1]을 세상에 내놓기 위해 노력해왔다. 그러나 지난 30년간 그 목표 달성을 향한 진전은 무척 더뎠다. 그러던 중 블록체인(넓게 보면 2009년 나카모토 사토시가 창안한 경제적 인센티브 기반 공개 합의 모델)이라는 혁신은 미처 찾지 못했던 마지막 하나의 퍼즐 조각처럼 이 산업이 대약진을 이루는 데 지대한 공을 세운 단독 주체로 부상했다.

　마침 정치적 환경이 블록체인의 필요성을 키우는 데 한몫을 했다. 2008년발 금융 위기는 주류 금융뿐만 아니라 이를 관장하고 통제하는 기업 및 정부에 대한 신뢰도 잃게 했고 많은 사람이 다른 대안을 찾아 나서는 계기가 되었다. 이후 2013년 에드워드 스노든이 미국 정부가 민간인의 프라이버시를 얼마나 침해하고 있는지 폭로하면서 블록체인은 대중의 관심을 더욱 얻게 되었다. 블록체인 기술이 비록 이와 같은 일련의 사건들로 인해 명확하게 사회의 주류로 받아들여진 것은 아니지만 적어도 탈중앙화에 대한 사람들의 갈망은 상당히 커졌다.

1　컴퓨터 간에 메시지를 주고받기 위해 정한 일련의 규칙. 이하 따로 표시하지 않은 각주는 모두 옮긴이 주석이다.

애플의 통화 앱부터 왓츠앱에 이르는 다수의 애플리케이션들은 철통같이 암호화되어 있어 소프트웨어를 직접 만들고 관리하는 회사조차 그 암호를 해독할 수 없는 수준에 이르렀다. 그나마 정부보다는 기업이 사람들의 프라이버시를 잘 지켜줄 거라 희망을 가졌던 사람들 앞에 나타난 '공유 경제 1.0'도 출현 후 대중의 기대를 저버리는 사례가 잇따르며 실패의 조짐을 보이고 있다. 거대한 규모로 성장한 우버는 소수가 독과점을 누리는 상황을 뿌리 뽑기보다는 기존의 중개자가 하던 역할을 대체하는 데 그쳤고 그나마 그 역할도 제대로 못 하고 있는 실정이다.

나는 블록체인 그리고 이와 관련된 제반 기술을 '크립토crypto 2.0'이라 총칭한다. 크립토 2.0은 매력적인 해결책이다. 상대방이 진실하게 행동하기를 기대하기보다는 근본적으로 우리가 원하는 방향으로 기술적 시스템을 구현하여 설사 이를 활용하는 사람들이 부패하더라도 확실한 신뢰를 보장하고자 한 것이다.

크립토 2.0에서 발생하는 모든 거래는 암호학적 증거로 감사 추적이 가능하다. 탈중앙형 P2P 네트워크는 단일 서버에 대한 의존도를 낮춘다. 공개 키 암호 기법은 포터블 사용자 제어형 신원 인증 수단이라는 개념을 떠올리게 했다. 링 서명, 준동형 암호화, 영지식 증명 같은 좀 더 고차원적인 수학을 이용하면 프라이버시가 온전히 보장된다. 사용자는 그 어떤 프라이버시의 침해 없이도 소유한 데이터를 공개하고 데이터의 특정 속성의 진위 여부를 판별하거나 심지어 계산까지 할 수 있다.

이 기술 분야의 얼리 어답터들은 지난 2년간 관련 기관들이 이 기술을 상당히 급진적으로 채택하고 있는 상황에 놀라움을 표한다. 2011년부터 2013년까지 블록체인은 사실상 '비트코인' 분야에 국한되어 암호학을 활용한 무정부주의를 표방하며 권력에 저항하고(권력을 우회한다는 표현이 더 정확할 수 있다) 온갖 화려하고 이상적인 혁명을 꿈꿨다. 그런데 2016년 현재 블록체인의 위상을 보라. IBM, 마이크로소프트와의 협력이 시작된다는 기사가 나고, 영국 중앙은행에서 연구 논문이 발간되고, 국제적인 은행 컨소시엄에 협력할 신규 멤버들이 연이어 발표되고 있다.

이러한 움직임이 놀랍지 않은가? 사실 암호무정부주의자들은 은행과 대기업의 융통성, 기술적 진보성, 이상주의적 가치관 등을 다소 과소평가한 측면이 있다. 우리는 종종 기업이 사람에 의해서 만들어졌다는 사실을 잊는다. 그래서 기업의 조직원도 일상에서 마주하는 보통 사람과 다름없는 신념과 걱정거리를 안고 산다는 것도 간과하기 쉽다. 이코노미스트는 블록체인을 '신뢰 기계'라고 표현한 바 있다. 이 표현만 보면 블록체인이 단지 그동안 금융계 및 여타 산업군에서 사회저 평판 및 규제 기관의 관리 감독에 지나치게 의존해온 신뢰 보증 기관들을 대체하는 수단 정도로 인식될 수 있다. 그러나 현실은 이것보다 훨씬 복잡하다. 기관들 역시 다른 기관들을 완전히 신뢰하지 않는다. 전기를 공급하고 판매하는 에너지 기업의 경우 에너지 영업의 시장구조가 중앙집중형이든 탈중앙형이든 둘 중에서 중간 마진을 더 챙길 수 있는 쪽으로 기울 것이다.

게다가 많은 영역이 이미 탈중앙의 흐름을 타고 있다. 다만 외부 사람들이 인식하지 못할 만큼의 미미한 변화만이 일어나고 있는 실정인데, 이는 탈중앙화가 비효율적으로 이루어지고 있기 때문이다. 사용자, 거래 내역, 데이터 등을 관리하기 위한 시스템이 전 기업을 대상으로 통합되어 있지 않아 각 기업마다 별도의 인프라를 구축해야 하고 서로 다른 기업 간의 상호작용을 위해서 역시 또 다른 인프라가 필요하기 때문이다. 각 시장의 리더를 중심으로 기업 간의 합병이 이루어지면 업무 효율성이 향상되겠으나 경쟁사 및 독점 규제 관료들이 이를 수긍할 리 없다. 대신 탈중앙형 데이터베이스인 블록체인이 도입되면 과거에는 독점 주체가 온전히 누렸던 네트워크 효과를 기술적으로 복제해 참여하는 모든 이가 똑같은 혜택을 볼 수 있다. 더불어 독점이 초래하는 여러 부수적인 폐해까지 막을 수 있다.

이 책은 금융 컨소시엄 체인, 공급망에서 사용되는 블록체인 애플리케이션, 블록체인 기반 신원 인증 시스템 등에 대한 흥미를 자극하는 내용을 다룬다. 이들은 모두 탈중앙형 데이터베이스를 기반으로 하기 때문에 누가 이 플랫폼에서 통제권을 쥘지 결정할 필요가 없다. 독점 세력의 권력 남용을 보고만 있어야 하는 억울한 경우도 사라진다.

사토시가 2009년 1월 비트코인을 세상에 선보인 이래 약 4년간 사람들의 관심은 화폐 그 자체에 집중되었다. 지불 방식 혹은 가치를 저장하는 또 하나의 대체 수단으로서 말이다. 2013년 무렵이 되자 사람들의 관심 대상이 '블록체인 2.0' 애플리케이션으로 옮겨갔다. 물론 여기에 쓰인 기술은 비트코인의 탈중앙화 및 보안을 지탱하는 기반 기술과 같다. 도메인 이름 등록, 금융거래, 크라우드펀딩, 심지어 게임까지 다른 애플리케이션 영역으로 확산된 것이다. 내가 고안한 이더리움 플랫폼이 제시하는 통찰은 튜링 완전 프로그래밍 언어[2]가 프로토콜의 기반에 내장되어 있어 최상위 수준의 추상화가 갖추어진다는 점이다. 따라서 개발자들은 비즈니스 로직이나 목적의식에 구애받지 않고 블록체인의 핵심 역량을 온전히 이용하면서 애플리케이션을 만들 수 있게 되었다. 이와 비슷한 시기에 IPFS(P2P 분산 파일 시스템) 같은 탈중앙형 데이터 저장 플랫폼이 생겨났고, 암호 전문가들은 블록체인 기술을 접목시켜 사용할 수 있는 zk-SNARKs(간결한 비대화형 영지식 증명)[3] 같은 새롭고 강력한 툴을 고안하여 프라이버시 보안을 보다 강화했다.

튜링 완전 블록체인 컴퓨팅, 블록체인 기반은 아니나 그와 비슷한 암호학적 기술을 사용한 탈중앙형 네트워크, 고급 암호학 기반의 블록체인, 이 세 가지의 조합을 나는 '크립토 2.0'이라 일컫기로 했다. 호칭이 다소 포부 넘쳐 보일 수 있다. 그래도 넓은 의미에서 현재 동향을 가장 잘 포착한 이

---

2 쉽게 말해, 범용 컴퓨터에서 제한 없이 동작하는 프로그램을 만들 수 있는 언어

3 영지식 증명(zero-knowledge proof)이란 암호학에서 특정 사실에 대해 그 내용을 공개하지 않고도 이를 알고 있음을 증명하는 방법을 말한다. 비대화형(non-interactive) 방식은 대화형 방식보다 효율을 개선했으며, 여기에 증명의 간결성(succinctness) 조건까지 추가한 방식을 간결한 비대화형 영지식 증명(zero-knowledge succinct non-interactive argument of knowledge)이라고 부른다.

름이라 생각한다.

그렇다면 크립토 3.0은 어떤 모습일까? 크립토 2.0에서의 경향이 일부 지속적으로 나타날 것이다. 특히 컴퓨팅 추상화와 프라이버시를 제공하는 보편화된 프로토콜이 그러할 것이다. 그러나 그에 못지않게 중요한 것이 바로 확장성의 문제다. 확장성은 현재 블록체인이 지닌 기술적 골칫거리다. 현 시점의 블록체인 프로토콜은 네트워크상의 모든 컴퓨터가 발생시키는 모든 거래를 처리해야 한다. 이는 강력한 장애 허용과 보안을 제공하기는 하지만, 이를 보장하기 위해 네트워크의 처리 능력이 사실상 단일 노드의 처리 능력에 제한되고 있다.

내가 그려보는 크립토 3.0 시대에는 기존 확장성의 한계를 뛰어넘어 주류에 도입될 수 있는 시스템을 제작하는 다양한 접근 방식이 등장한다. 기술적으로 혜민한 독자들은 이미 '라이트닝 네트워크', '상태 채널', '샤딩' 같은 용어들을 들어보았을 것이다.

도입에 관한 문제도 있다. 2015년 기준 '크립토 2.0'에서는 간단한 화폐 사용 사례가 사람들 사이에서 많이 회자되고 일부 개발자들이 초기 형태의 플랫폼을 내놓기는 했으나 혁신적인 애플리케이션의 등장은 없었다. 2016년이 되자 개념 증명proof of concept을 개발하는 스타트업과 기관 참여자들이 나타나기 시작했다. 물론 어느 업계나 마찬가지로 이들 대다수는 별다른 결실 없이 시장에서 사라질 것이다. 신규 사업의 9할이 실패로 귀결된다는 소리를 많이 들어보았을 것이다. 반대로 성공하는 1할은 수

많은 사람이 사용할 완전한 상품을 내놓을 만큼 규모가 성장한다. 진짜 재미는 여기서 시작된다.

이 책은 독자들이 비즈니스로서의 블록체인을 보다 세련되게 다듬고 탐구를 이어나가도록 열의를 북돋을 것이다.

비탈리크 부테린
이더리움 창시자, 이더리움 재단 수석과학자
2016년 4월

감사의 말

어떤 이는 책 짓기를 두고 본인이 좋아서 하는 일이라 한다. 맞는 말이다. 나에게 글쓰기란 캔버스 위에 수많은 퍼즐 조각을 짜 맞추고 액자 틀까지 완성시켜 벽에 거는 일련의 과정이었다.

책 집필은 독자와 선물을 주고받는 행위다. 작가는 긴 시간을 들여 생각을 정리하고 온 정신을 모아 글을 쓴다. 독자들은 그 수고에 대한 답으로 역시 귀한 시간을 내어 그 글을 읽는다. 작가와 독자가 교류의 연을 맺기도 한다. 나 역시 내 글을 읽고 소통하길 바라는 독자들의 연락을 늘 환영한다(wmougayar@gmail.com).

내가 블록체인 기술의 세상에 발을 들여놓았을 때 주위 여러 사람이 내 생각을 가다듬고 통찰력을 키우는 데 큰 도움을 주었다. 그중 내게 가장 큰 가르침을 준 분이 이더리움의 창시자이자 수석과학자인 비탈리크 부테린이다. 그는 나에게 무척 긴 시간을 할애하며 지도와 편달을 아끼지 않았다. 그의 너그럽고 속 깊은 마음씨에 무한한 감사를 전하고 싶다.

이 세상의 기술 변혁의 최첨단을 이끄는 모든 크리에이터, 혁신가, 선구자, 리더, 창업가, 스타트업 종사자, 기업 대표 및 실행가에게도 감사를 전하고 싶다. 이들이 있었기에 여기저기 흐트러져 있던 아이디어를 연결 지어 새로운 또는 의미 있는 결과물을 도출할 수 있었다. 초기 암흑기를 어엿하게 잘 견뎌낸 이들은 이제 우리 미래의 등불이다. 이들과의 교류는 나에게 엄청난 자산이 되었다.

나의 불찰로 미처 감사의 말을 전하지 못하는 분께 미리 사죄를 드리며, 아래 분들에게는 꼭 감사의 말을 전하고 싶다. 이름에 별표를 붙인 분들은 이 책의 최종 원고 검토 작업에 일부 참여했다. 무니브 알리, 이언 앨리슨,* 후안 베네트, 파스칼 부비어,* 크리스 앨런, 제리 브리토, 앤서니 디 이오리오, 레다 글립티스, 브라이언 호프먼,* 앤드루 키스, 후안 야노스, 조지프 루빈, 애덤 , 조엘 모네그로, 크리스 오언, 샘 패터슨, 데니스 나자로프, 로돌포 노바크, 마이클 퍼클린, 로버트 샘스,* 워싱턴 산체스, 앰버 스콧, 라이언 셀키스, 배리 실버트, 라이언 시어, 아진슨 스리, 닉 설리번, 닉 서보, 팀 스완슨, 사이먼 테일러,* 웨인 본, 제시 월든, 앨버트 웽거, 제프리 윌케, 프레드 윌슨, 개빈 우드. 이들은 자신만의 방법으로 나의 책 집필에 도움을 주었다. 비트코인, 암호화폐, 블록체인 등 각자 고안한 탈중앙형 애플리케이션에 대한 지식을 전수해주고, 직접 기술을 시현해주고, 나와 토론을 해주고, 그들의 개발 프로젝트에 참여할 기회를 주기도 했다.

이 책이 지체 없이 출판될 수 있도록 그 누구보다 힘써준 수석 에디터 빌 팔루에게 감사의 말을 전한다. 또한 시간 제약에도 불구하고 제때 책의 디자인과 제작이 가능토록 도와준 프론티스피스The Frontispiece의 케빈 배럿 케인도 큰 은인이다.

마지막으로 2016년 2월, 책 출판 기금 마련을 위해 킥스타터 캠페인을 벌일 당시 도와준 주변의 친구들에게도 고마움을 꼭 전하고 싶다. 킥스타터의 마곳 애트웰과 존 디마토스 그리고 나의 친구들이 없었다면 이

책이 세상에 나오기 어려웠을 것이다.

후원을 아끼지 않은 다음 모든 분에게 깊은 감사의 말씀을 전한다.

브래드 펠드(파운드리 그룹), 짐 올랜도(OMERS 벤처스), 라이언 셀키스(DCG), 매슈 스포크(딜로이트), 케빈 매기, 핏 판오버르베커, 크리스티안 게오르게, 존 브래드퍼드, 데이비드 코언(테크스타), 매슈 로샤크(블로크), 마크 템플턴, 덩컨 로건(로켓스페이스), 마이클 달레산드로, 아흐메드 알샤밥, 플로이드 드코스타, 헤이노 되싱, 래리 에를리흐, 펠릭스 프라이, 제이 그리브스, 에밀 판데르훅, 퍼거스 레몬, 아미르 무라비, 대니얼 그린스펀, 마이클 올로글린, 내리 싱, 아마르 바르마, 도나 브루잉턴 화이트, 닐 워렌, 앨버트 웽거.

목차

서문

돌이켜보면 행운의 여신이 매 순간 내 편은 아니었다. 그러나 이더리움의 창시자 비탈리크 부테린이 나와 같은 도시 토론토에 살고 있다는 사실과 그를 처음 마주한 순간만큼은 커다란 행운이었다.

때는 2014년 1월 매우 쌀쌀한 저녁이었다. 그날도 앤서니 디 이오리오Anthony Di Iorio의 주관으로 스파다이나 애비뉴의 허름한 빌딩에 위치한 공용 사무실인 비트코인 디센트럴에서 매주 열리는 토론토 비트코인 정기 모임이 있었다. 나는 모임 장소에 한 시간가량 먼저 도착해 있던 비탈리크과 처음 만났고 그는 내게 '비트코인 너머의 세상'에 대해 들려주었다. 당시 나는 약 반년간 비트코인에 대해 공부한 상태였고 이더리움이라는 기술에 대해서는 아는 바가 별로 없었다.

그와 이야기를 나누기 시작한 지 얼마 되지 않아 비트코인 디센트럴에는 사람들이 가득 찼고 이내 모임이 시작되었다. 이번 모임은 비탈리크가 선보일 새로운 블록체인 플랫폼에 관한 백서[1]를 주제로 시끌벅적했다. 이 새로운 플랫폼은 비트코인보다 훌륭하고 머지않아 시장을 선도할 대단한 무언가가 될 것이라고 했다.

나 역시 호기심 가득한 마음에 비탈리크에게 이더리움과 그 구조에

---

1 https://github.com/ethereum/wiki/wiki/White-Paper#ethereum (원주)

관해 여러 가지 질문을 던졌다. 나는 그의 발명에 깊은 인상을 받았고 이더리움 그 자체보다 향후 그것이 어떻게 응용되고 전개될지가 더욱 궁금했다. 비탈리크가 내 질문에 완벽한 답을 주지는 않았다. 그러나 그는 이더리움이 단연코 우리의 세상을 보다 이롭게 만드는 데 혁혁한 공을 세울 것이라는 강한 포부와 확신이 있었다(그 당시로서는 다소 긍정 마인드가 지나쳤지만 말이다). 나는 그가 발명한 것이 단순한 기술을 뛰어넘은 뭔가 심오한 것이라는 생각이 들었다. 그것은 사회, 정부, 비즈니스, 사람들의 사고방식에 이르기까지 우리 세상의 모든 것과 결부되어 있었다. 또한 이 기술은 휴머니즘까지 갖추고 있어 부조리하고 복잡다단한 현재의 세상을 조금이나마 공평무사하고 합리적으로 변모토록 하기 위한 해결책을 제시하고 있었다.

2주가 지나 나는 비탈리크를 모임에서 또 만났다. 이때 나는 그에게 향후 전개될 이더리움의 아키텍처를 보여달라고 매달리다시피 요구했다. 물론 내가 직접 그려본 아키텍처의 버전을 보여주면서 말이다. 비탈리크는 나의 버전을 몇 초간 쳐다보더니 답답했던지 자신의 윈도우 PC의 전원을 켜고 잉크스케이프를 열었다. 그리고 이더리움이 사용된 블록체인 기반의 아키텍처 프레임워크를 정신없이 그리기 시작했다. 이때 비탈리크가 완성한 그림은 추후 그의 블로그에 「여러 사일로에 관해」라는 제목으로 포스팅되었다.

그 후 현재까지 우리는 서로 멘토가 되어주며 인연을 이어오고 있다. 그는 나에게 블록체인에 관한 많은 지식을 전수해주었고 나는 그에게 이더리움을 세상에 널리 퍼뜨리고 성장시키기 위해 필요한 사업적 조언을 해주었다. 내가 아무리 시간을 들여도 비탈리크가 블록체인으로 꿈꾸는 세상을 온전히 이해하기는 어려울 것이다. 그러나 비탈리크 부테린이 천재적인 기술자로서 업계 인지도가 꾸준히 올라가고 있으며 지속적으로 이더리움 재단과 그 핵심 기술을 이끌고 있다는 사실만큼은 분명하다.

나는 비트코인, 블록체인, 이더리움에 관한 50여 편의 글을 블로그에 게재하는 과정에서 블록체인 기술의 최첨단을 이끌며 촉망받는 전 세계의 크리에이터, 혁신가, 선구자, 리더, 창업가, 스타트업 종사자, 기업체 대표 및 실행가 들과 만나 교류하였다.

이 책에는 내가 지난 34년간 기술 분야에 몸담으며 체득한 경험과 식견이 담겨 있다. 그 세월의 첫 14년은 휴렛 팩커드에서, 이후 1995년부터 2005년까지의 인터넷 발전사와 함께한 10년은 독립 컨설턴트, 작가, 인

---

2   https://blog.ethereum.org/2014/12/31/silos/ (원주)

플루언서로서 활동했다. 1996년에는 거의 최초로 인터넷 비즈니스 전략을 다룬 비즈니스 서적인『디지털 시장을 열다Opening Digital Markets』를 저술하였다. 이 책을 집필하면서 웹이 비즈니스에 끼치는 영향력에 대해 상세하게 연구하였고 웹 관련 다양한 규모의 기업들과 프로젝트를 진행하였다. 2005년 나는 컨설팅 기관 애버딘 그룹에서 전문 애널리스트로 훈련받고 약 3년간 코그니전트에서 컨설턴트로서 전 세계를 무대로 벌어지는 차익 거래를 전담하며 진정한 의미의 무국적 기업이 무엇인지 몸으로 부딪치며 배웠다. 2008년을 기점으로 약 5년간 나는 두 개의 스타트업을 차려 나름의 성과를 올렸다. 성공에서 배우는 만큼 실패에서도 배운다는 사람들 말에 십분 공감한다.

블록체인의 P2P 기술에 대한 나의 열정은 우연히 발현된 게 아니다. 2001년에 내가 구현한 PeerIntelligence.com 사이트는 1세대 P2P 기술의 역사에 기록되어 있다. 초창기 P2P는 주로 파일 공유에 한정되어 쓰였는데 나는 이 새로운 기술이 가진 숨겨진 힘을 미리 간파했다. 안타깝게도 냅스터를 비롯한 초기 P2P 기술은 주변의 줄 소송으로 맹공격을 받으며 미완으로 사라졌지만, 대신 패잔병들은 더욱 용맹을 떨쳐 지금의 비트토렌트 프로토콜이 탄생했다.

이 모든 경험이 블록체인에 대한 나의 생각을 정제시키고 이 책을 쓰는 데 큰 도움이 되었다.

2013년 비트코인과 블록체인 세상을 발견한 순간은 1995년 나를 비롯한 몇 명의 사람들이 인터넷이 이 세상을 뒤집을 만큼 대단한 기술이라는 것을 알고 흥분을 가라앉히지 못했던 기억을 되새기게 했다. 2001년 P2P 초창기에 일어난 여러 일들도 주마등처럼 눈앞을 스쳐갔다. 다행히 2009년 세상에 처음 등장한 비트코인과 블록체인은 P2P를 소생시키는 원동력이 되었다.

블록체인을 처음 마주했을 때, 앤디 그로브의 1996년작 『승자의 법칙』에서 읽은 한 대목이 떠올랐다. "공기의 흐름이 바람 한 점이 될 때가 있고 태풍이 될 때가 있다. 이 비즈니스에서 무수한 바람이 만들어지고 있지만 그보다 10배 이상 강한 태풍이 만들어질 때 비로소 세상이 격변한다." 앤디가 말한 태풍은 산업을 근본적으로 변혁시킨 인터넷을 지칭한다. 이제는 블록체인이 수많은 비즈니스를 변화시킬 또 하나의 강력한 태풍이다.

고백하건대 나 역시 블록체인이 가진 여러 가지 면모를 파악하는 데 상당한 고충을 겪었다. 이 분야에 선견지명을 자랑하는 이들은 주로 기술자들로서 블록체인 기술이 비즈니스에 미칠 영향력 및 파급력을 간단명료하게 전달하는 데 심혈을 기울이지 않았다. 단편적으로 흩어진 사실들을 통해 명료한 결론을 도출하기까지, 블록체인을 이해하기 위한 탐구의 과정은 꽤 고통스러웠다. 이런 난관의 순간들이 이 책의 집필 동기가 되었다. 사람들이 블록체인 기술을 조금이라도 수월하게 이해할 수 있게 하고 싶었다.

블록체인은 인터넷 역사의 일부분이다. 중요성의 크기로 따져도 월드 와이드 웹에 뒤지지 않는다. 또한 인터넷을 그 본연의 참모습으로 돌려놓을 수 있을 것이다. 즉 더욱 탈중앙화되어 있고, 더 개방적이고, 프라이버시가 더 보장되고, 더 공평하고, 더 접근성이 높은 모습으로 말이다. 현재 다수의 블록체인 애플리케이션은 신뢰를 독점한 채 권력의 중심에서 벗어나기를 거부하는 기존의 비즈니스뿐만 아니라 대대로 명맥을 유지하던 웹 기반의 애플리케이션마저 대체하려 한다.

상황이 앞으로 어떻게 전개되든 블록체인의 역사는 당신이 이 책을 읽는 순간에도 계속 기록되어나갈 것이다. 블록체인의 향후 행보가 왜 더 궁금하고 흥미진진하게 다가오는지 이유를 하나 말해주겠다. 그건 바로 당신이 그 과정에 참여하고 변화를 만들어낼 수 있기 때문이다.

이 책이 독자들에게 유용한 가치를 선사하길 소망한다.

윌리엄 무가야
2016년 3월 온타리오 주 토론토에서

프롤로그

아직까지 블록체인이 당신에게 충격적인 것으로 다가오지 않았다면, 확신하건대 그런 순간이 곧 올 것이다.

나는 인터넷이 발명된 이래 사람들의 흥미를 사로잡는 데 이토록 성공한 것을 처음 목격했다. 관심을 갖는 사람의 수가 초기에는 단 몇 명이었으나 이내 급격히 늘었다.

블록체인의 신세계로 진입한 당신을 진심으로 환영한다.

블록체인 기술의 핵심은 거래 기록을 삭제의 우려 없이 영구적으로 보존하고 순차적으로 업데이트되도록 역사의 발자취를 남기는 일이다. 이 기능은 듣기에는 간단해도 실제로는 엄청난 파급력을 자랑한다. 사람들이 거래를 생성하고 데이터를 저장하며 자산을 이동하기 위해 따랐던 종전의 방식을 다시금 생각하게 만들었는데 이는 시작에 불과하다.

혁명이라는 단어 하나로 블록체인을 설명하기에는 부족하다. 현재도 진전을 거듭하는 사회현상으로 마치 쓰나미처럼 그 시작은 미미하나 종국에는 전방의 모든 것을 삼켜버릴 만큼의 엄청난 파괴력을 지닌 기술이다.

1990년에 탄생한 웹이 인터넷을 기반으로 온 지구를 한 층^{layer} 새롭게 덮어씌운 첫 주자라면, 블록체인은 인터넷 위에 포개어진 두 번째로 뜻깊은 발명이자 층임이 틀림없다. 블록체인은 그 시작과 끝이 '신뢰'라 해도 과장이 아니므로 신뢰층^{trust layer}이라 불러도 무방하다.

블록체인은 세대를 거듭해 뿌리 내린 우리 사회의 지배 구조, 생활 방식, 비즈니스 모델 그리고 국제 기구들을 향해 변화를 촉구하는 거대한 촉매제다. 따라서 이런 극단적인 변화를 요구하는 블록체인의 습격은 주변의 저항을 받을 수밖에 없다.

블록체인은 최소 수십 년에 걸쳐 사람들의 머릿속에 고착된 낡은 사고방식을 거부하고 지배와 중앙집권을 기반으로 성립되는 거래에 반기를 든다. 예를 들어 유형 자산의 소유권을 확인하고자 에스크로와 같은 제3자 인증 서비스를 이용하는 일은 더 이상 필요 없다. 블록체인이 소유권의 하자 여부를 그 어떤 중개자보다 확실한 방법으로 판별해주기 때문이다.

블록체인 세계에서는 신뢰 인증이 더는 은행, 정책 입안자, 청산소, 정부 기관, 대기업 등 주요 통제 기구들의 전유물로 여겨지지 않는다. 만약 거래 당사자의 신뢰 인증 작업이 청산소의 개입 없이 온전히 블록체인에서 가능하다면 어떤 일이 생길까?

16세기 중세에 활약했던 길드의 역할과 그 몰락 과정을 예로 들어보면 이해가 한결 쉽다. 길드는 특정 공예품의 원작자가 시장에서 독점적 지위를 유지할 수 있도록 도왔는데 그것은 공예품의 제작 과정을 모사할 수 없도록 정보물의 인쇄를 통제하여 가능했다. 당시 대부분의 유럽 국가는 일종의 출판권 같은 인쇄 허가증을 별도로 발급하며 정보의 출판을 통제했기 때문에 길드는 이 점을 이용하여 가톨릭 교회 및 정부와 결탁하고 출판에 대한 검열을 행사했다. 그러나 결국 인쇄술의 폭발적인 발전과 보급을 통해 정보의 교류가 자유로워지면서 이와 같은 중앙 통제와 독점은 오래가지 않아 막을 내렸다. 오늘날 지식과 정보를 출판하는 행위가 법에 어긋난다고 얘기하는 사람은 찾아볼 수 없다. 신뢰를 독점하고 있는 오늘날의 중앙 통제 기관들을 그 옛날의 길드로 본다면 그들이 신뢰에 관한 모든 것을 좌지우지하는 상황에도 의구심을 가질 수 있다. 블록체인과 같은 기술이 생겨나 종래의 기관들보다 더욱 확실하게 신뢰를 인증할 수 있다면, 왜 신뢰가 그들에게 여전히 종속되어 있어야 하는가?

중세 기관들이 차후 출판 통제권을 상실하였듯이 블록체인은 신뢰에 관해 현존하는 권리의 경계선을 무너뜨리고 있다.

블록체인을 '분산 원장'으로만 인식하는 것은 옳지 않다. 그것은 블록체인이 지닌 다면적인 기능 중 극히 일부이기 때문이다. 마치 인터넷을 단순히 네트워크로 설명한다거나 정보를 게시할 수 있는 플랫폼 정도로 소개하는 것과 같은 일이다. 이런 부분적인 기능은 인터넷을 구성하는 필수 조건이기는 하나 충분 조건은 되지 못한다. 인터넷과 블록체인 모두, '전체가 부분의 총합보다 크다'는 아리스토텔레스의 말로 설명하기 아주 적절한 대상이다.

블록체인을 지지하는 사람들은 신뢰를 인증하는 대가로 세금을 부과하거나 기타 명목의 수수료, 접근 권한 혹은 면허 취득과 같은 다양한 형태로 통제하려는 권력기관의 구속에서 벗어나야 한다고 주장한다. 이들은 신뢰란 기술로 뒷받침되는 동등 계층(P2P)의 관계 속에서 인증될 수 있고 또 그래야만 한다고 믿는다. 신뢰성의 판별은 코딩을 통해서 수학적으로 검증된 방식으로 이루어질 수 있다. 검증의 확실성은 강력한 암호화를 통해 더욱 공고해진다. 한마디로 신뢰는 암호학적 증거로 증명되고, 믿을 수 있는 컴퓨터(정직한 노드) 네트워크를 기반으로 유지된다. 이토록 철저한 보안이 가능한 환경에서 불필요한 간접 비용만 발생시키거나 관료제의 폐단을 초래하는 주변 개체들은 설 자리를 잃는다.

블록체인이 중개자 없는 신뢰 거래를 가능케 하는 새로운 방식으로 자리 잡는다면 사람들은 점점 그 방식을 좇아갈 것이다. 은행을 포함한 '신뢰' 인증 기관을 규제하던 정책 입안자들은 딜레마에 봉착할 수밖에 없다. 존재감을 잃어가는 대상을 어떻게 규제할 것인가? 결국 낡아빠진 규제를 고쳐나가는 수밖에 없을 것이다.

중개자 인증 방식의 신뢰는 그것을 둘러싼 사람들 간의 알력과 마찰에서 자유로울 수 없다. 그러나 이제 우리는 블록체인 덕분에 그런 한계점을 완전히 극복한 신뢰 거래를 할 수 있다. 여전히 블록체인으로부터 신뢰를 얻는 절차는 필요하지만 그에 대한 어떠한 금전적 대가도 요구되지 않는 그야말로 '무료'로 신뢰가 인증되는 세상에서는 앞으로 어떠한 일들이 펼쳐질까? 아마도 신뢰는 자연스레 저항이 가장 적은 기로를 택할 것이며 네트워크가 존재하는 구석구석으로 뻗어나가 탈중앙화가 가속화될 것이다.

이외에도 블록체인은 중개자 없이 온갖 종류의 자산과 가치를 이동시킬 수 있는 새롭고 빠른 길을 개척하여 이들의 교환을 가능케 한다.

블록체인은 백엔드 인프라로서 쉬지 않고 일하는 최고의 컴퓨터라고 볼 수 있다. 한번 시작하면 다운되는 일이 없는데 이것이 가능한 이유는 블록체인이 가지고 있는 엄청난 복원력 덕이다. 블록체인은 단일 장애점single point of failure[1]이 없기 때문에 기존 은행 시스템 혹은 클라우드 기반 서비스처럼 다운되는 경우가 없다. 블록체인은 그저 성실하게 컴퓨팅을 이어 나간다.

인터넷은 일부 중개자를 대체하는 데 성공했다. 블록체인은 그간 대체되지 않았던 또 다른 부류의 중개자들을 대체하고 있다. 중개자를 대체하는 데 그치지 않고 지난날 웹이 그랬듯 새로운 형태의 중개자를 탄생시

---

1 시스템 구성 요소 중에서 동작하지 않으면 전체 시스템이 중단되는 요소를 말한다.

키기도 한다. '모든 것의 탈중앙화'로 귀결되는 경쟁에서 남들이 새로운 먹거리를 찾기 위해 낚싯대를 드리우는 마당에 현존하는 중개자들이 살아남는 방법은 재빨리 그들의 역할에 어떤 변화가 나타날지 예측하고 그것에 대처하는 일이다.

곳곳에서 블록체인의 미래를 예측하는 일에 한창 심혈을 기울이고 있다. 기술자, 사업가, 기업들은 블록체인이 득일지 독일지에 관해 의견이 분분하다.

현재 사람들은 블록체인이 직접적으로 이런저런 일을 한다고 얘기하지만 훗날에는 블록체인이 직접 눈에 띄지는 않지만 어떠한 일들을 가능하게 한다는 식으로 표현할 것이다. 인터넷, 웹, 데이터베이스가 그랬던 것처럼 블록체인 역시 여러 신조어를 탄생시킬 것이다.

1950년대 중반 이래로 IT가 발전하면서 사람들은 여러 신조어를 사용하는 데 익숙해졌다. 메인프레임, 데이터베이스, 네트워크, 서버, 소프트웨어, 운영체제, 프로그램 언어가 이때 생겨났다. 1990년대 초반 인터넷은 브라우징, 웹사이트, 자바, 블로깅, TCP/IP, SMTP, HTTP, URL, HTML 등과 같은 또 한 무리의 신조어들을 탄생시켰다. 그리고 오늘날 블록체인 역시 신조어 레퍼토리를 한아름 선사한다. 합의 알고리즘, 스마트 계약서, 분산 원장, 오러클, 디지털 지갑, 거래 블록 등이 이에 해당한다.

장난감 블록을 하나씩 쌓아 올리듯, 우리는 자신만의 방법으로 지식의 연결 고리를 꿰어나가며 블록체인에 대해 함께 알아볼 것이다. 블록체인은 세상을 어떻게 변화시킬 것인가? 그 변화는 무엇을 시사하는가?

오늘날 우리는 어떤 대상이든, 주로 관심 있는 정보나 물건에 대해 검색이 필요할 때 구글을 이용한다. '검색하다'라는 동사 대신 '구글링하다'라고 표현하기까지 한다.

훗날 우리는 거래 내역, 신원, 인증, 권리, 작업량, 부동산등기부를 비롯해 금전적 가치가 매겨진 대상들을 검증하는 행위를 '구글링'처럼 어떤 고유명사가 동사화된 신조어를 써서 표현할 것이다. 소유권을 주장할 만한 모든 것에는 디지털 인증서가 존재한다. 나카모토 사토시가 비트코인을 발명한 덕분에 우리가 디지털 화폐를 중복해서 사용할 수 없게 된 것과 마찬가지로 한번 블록체인을 통해 인증된 공식 증명서는 복사, 위조, 변조가 불가능하다. 정보혁명에서 풀지 못한 숙제를 블록체이이 해결한 셈이다.

나는 1994년 페덱스가 처음으로 배송 상품의 경로를 웹에서 추적할 수 있게 한 것을 보고 몹시 흥분했던 때를 여전히 기억한다. 요즘 사람들은 이런 서비스를 당연하게 여길지 모른다. 그러나 이는 당시 웹의 초기 단계에서 우리가 무엇을 할 수 있는지 증명해낸 중요한 분수령이 된 사용자 시나리오였다. 이 사건은 그동안 폐쇄적이고 개별적으로 제공되었 던 서비스가 인터넷 접근이 가능한 모든 사람들에게 공개적으로 제공될 수 있음을 시사했다. 머지않아 온라인 뱅킹, 세무 신고, 상품 구입, 주식 거래, 주문 확인 등 수많은 서비스가 인터넷을 통해 제공되었다. 우리가 현재 공개 데이터베이스를 검색하는 서비스에 접근하듯, 앞으로는 정보 의 진위 여부를 가려줄 블록체인을 확인하는 새로운 차원의 서비스를 통 해 검색하게 될 것이다. 정보에 대한 접근만으로는 불충분하다. 이제 사 람들은 그 정보의 신뢰도에 대한 접근마저 얻고자 할 것이며 특정 기록 에 변조의 흔적이 있는지도 알고 싶어 할 것이다. 블록체인은 이미 이를 예상이나 한 듯 극한의 투명성을 요구하는 대중의 기대에 반드시 부응할 것을 약속한다.

사람들은 머지않아 "이거 데이터베이스에서 찾았어?"가 아니라 "이 거 블록체인에서 찾았어?"라고 묻게 될 것이다.

웹과 블록체인 중에서 어느 것이 더 복잡한지 묻는 이가 있다면 나는 어김없이 블록체인의 손을 들 것이다.

블록체인을 우리 모두 함께 파헤쳐보자.

1장

블록체인이란 무엇인가?

"설명해주지 않으면 모른다는 말은
설명해줘도 모른다는 말이다."

– 무라카미 하루키

마음 단단히 먹고 최선을 다해 집중해보자. 블록체인의 기초를 설명하는 1장은 이 책에서 가장 중요하다. 1장을 통해 블록체인에 관한 종합적인 시각을 길러보고 그 잠재력을 꿰뚫어보자.

블록체인은 이해하기 좀 까다로운 것이 사실이다. 블록체인의 가능성을 가늠하기 위해서는 그것이 우리에게 주는 메시지를 잘 이해해야 한다. 블록체인을 이해할 때는 기술적 역량뿐만 아니라 그것이 인간 사회의 철학, 문화, 사상 측면에서 시사하는 내용까지 이해해야 한다.

당신이 소프트웨어 개발자가 아닌 이상 블록체인은 단순히 전원을 커서 쓰는 상품이 아니다. 블록체인은 당신이 사용하는 제품이 특정 기능을 수행하게 만드는 존재다. 단지 그 과정에서 블록체인이 숨겨져 있다는 사실을 인지하지 못할 뿐이다. 지금 당신이 웹을 통해 접속하는 어떤 서비스 뒤에 숨겨진 복잡한 상황을 잘 모르는 것과 마찬가지다.

블록체인을 이해하려는 노력 없이 그 가능성만 예측하려고 애쓰는 경우에는 시간이 지날수록 블록체인을 활용하는 수준이 남에 비해 떨어진다.

블록체인을 이해하는 것이 블록체인을 어디에 적용하면 좋을지 알아내는 것보다 훨씬 쉽다. 운전을 배울 때와 흡사하다. 나는 당신에게 운전하는 방법을 가르칠 수는 있으나 당신이 어디로 향할지까지는 예측할 수 없다. 당신이 잘 아는 비즈니스나 주변 상황이 따로 있기 때문에, 스스로 블록체인이 무엇을 할 수 있는 존재인지 안 후에야 어디에 적용해야 좋을지 판단이 선다. 물론 우리는 이 책을 주행 테스트 삼아 기초적인 아이디어 여러 가지를 함께 살펴볼 것이다.

사토시의 논문

1990년 팀 버너스리는 월드 와이드 웹 페이지를 처음 만들던 날 다음과 같이 썼다.

> 우리가 웹에서 정보를 링크하면 사실 확인, 아이디어 창출, 상품 매매, 새로운 인간관계의 맺음 등 모든 것이 아날로그 시대에는 감히 상상하지 못한 속도와 규모로 이루어질 것이다.

버너스리는 이 간략한 문구로 검색, 출판, 전자상거래, 이메일, 소셜 미디어를 단 한 방에 예측하였다. 비트코인을 고안한 나카모토 사토시 역시 2008년 논문 「비트코인: P2P 전자화폐 시스템」[1]을 통해 비트코인에 대한 선견지명을 드러냈다. 현재 블록체인 기반의 암호화폐가 이룬 혁신의 골간이 바로 이 논문이다.

논문의 초록은 다음과 같이 비트코인의 토대와 기본 원칙을 설명한다.

---

[1] https://bitcoin.org/en/bitcoin-paper (원주)

- 순수 P2P 버전의 전자화폐로 **금융기관의 개입 없이 당사자 간에 온라인 대금 결제가 가능하다.**
- 이중 지불[2]을 저지할 믿을 수 있는 제3자는 필요하지 않다.
- P2P 네트워크로 이중 지불 문제에 대한 **해결책**을 제시한다.
- 네트워크는 타임스탬핑 기능을 통해 거래들을 기록한다. 거래들의 해시 값[3]을 기반으로 한 작업 증명(POW)[4]이 연쇄적인 체인(사슬) 형상으로 기록된다. **이 기록은 작업 증명을 새로 수행하지 않는 한 변경을 가할 수 없다.**
- 최장 길이의 체인은 발생한 사건들의 순서를 증명하는 동시에 그 사건들이 최대 규모의 컴퓨팅 파워 풀을 통해 입증되었음을 나타낸다. **다수의 컴퓨팅 파워가 네트워크에 대한 공격 의도가 없는 노드들에 의해 제어되는 한** 이 노드들은 길이가 가장 긴 체인을 생성하여 공격자들을 물리칠 것이다.
- 네트워크는 최소한의 구조를 갖춰야 한다. 각 노드에서 발생되는 메시지는 네트워크 안에서 최대한 공유된다. **노드들은 네트워크에서 자유롭게 참여하고 떠나기를 반복할 수 있으며 부재중에 발생한 일에 대한 증거로 최장 길이를 유지하는 작업 증명 체인을 채택한다.**

기술 용어가 생소하더라도 강조한 부분만 잘 읽어본다면 블록체인의 요점을 파악하는 데 무리가 없다. 나카모토의 논리 흐름을 따라갈 수 있도록 위의 내용을 여러 번 읽어보기 바란다. 네트워크가 자체적으로 신뢰 인증을 하도록 하여 중앙으로부터의 간섭 또는 지원 없이 P2P 거래를 검증하

---

2 컴퓨터 파일을 쉽게 복제할 수 있는 것과 같이, 디지털화된 화폐를 복제하여 사용할 때 발생하는 문제를 말한다.

3 데이터를 특정 규칙을 통해 기존보다 짧은 길이로 변환하여 위변조 여부를 파악하는 용도로 사용한다.

4 작업을 증명한다는 뜻이 아니라 작업을 활용한 증명이라는 뜻이다. 곧이어 다시 설명한다.

는 것이 완벽히 가능하다는 사실을 믿고 받아들여야 한다.

나카모토의 논문을 또 다른 방식으로 요약하면 다음과 같다.

· P2P 전자 거래 및 상호작용
· 금융기관의 필요성 상실
· 암호학적 증명으로 중앙의 신용기관 대체
· 중앙 기관 개입 없이 네트워크 자체가 신뢰 인증 해결

'블록체인'이 바로 이러한 비트코인에 숨겨진 기술 혁신이자 비트코인을 구현하는 주체다. 논문의 핵심 내용을 되새기며 이번에는 기술적, 비즈니스적, 법적 관점에서 블록체인을 정의한 내용을 살펴보자. 각 정의는 관점의 차이가 드러나지만 상호 보완적이다.

기술 측면에서, 블록체인은 공개적으로 열람 가능한 분산 원장distributed leger를 유지하는 백엔드 데이터베이스이다.

비즈니스 측면에서, 블록체인은 중개자 없이도 개인peer 간의 거래, 가치, 자산 등을 이동시킬 수 있는 교환 네트워크exchange network이다.

법적 관점에서, 블록체인은 거래를 검증해주므로 종전의 신뢰 보증 기관을 대체하는 수단이다.

기술	공개적으로 분산 원장을 유지하는 백엔드 데이터베이스
비즈니스	개인 간 가치 자산 이동을 구현한 교환 네트워크
법	중개자가 필요 없는 거래 검증 장치

블록체인 역량은 곧 기술 + 비즈니스 + 법이다.

웹을 재조명하다

과거가 미래를 향한 정확한 나침반이 되지는 못한다. 그러나 우리가 걸어 왔던 길을 되짚어보면 더 성숙된 사고력과 주변 환경에 대한 이해력을 가지고 앞으로 전진할 수 있다. 블록체인은 간단히 말해서 웹으로 대표되는 인터넷 기술이라는 역사의 흐름의 일부다. 웹과 마찬가지로 블록체인 또한 우리 세상(비즈니스, 사회, 정부)의 각 측면에 여러 주기와 단계를 거쳐 스며들 것이다. 이런 것들은 세월이 지나 과거를 돌아보았을 때 비로소 깨우쳐지게 마련이다.

인터넷은 1983년에 처음 발표되었지만 대대적인 진화를 일으킨 주역은 월드 와이드 웹이다. 웹에 접속되어 있는 누구나 정보 기반 서비스를 공개적으로 그리고 즉시 사용 가능토록 만들었다.

지구의 수많은 사람이 웹에 접속하는 것처럼 앞으로 그에 못지 않은 숫자의 사람들이 블록체인에 연결될 것이다. 블록체인의 전파 속도가 웹 사용자 증가 속도를 뛰어넘는다 해도 놀라울 것이 없다. 충분히 가능한 일이다.

2016년 중순을 기점으로 전 세계 74억 인구의 47퍼센트가 인터넷 접속이 가능한 환경에서 살고 있다. 1995년에 인터넷 접속이 가능한 사람은 전 세계의 1퍼센트가 채 되지 않았다. 2005년이 되어서야 약 10억 명의 인구가 웹을 사용했다. 이에 비해 휴대폰 사용의 증가 속도는 더 빨랐다. 2002년에는 유선 전화 사용자 수를 추월했고 2013년에는 사용 중인 휴대폰 수가 세계 인구 수를 추월했을 정도다. 웹사이트의 수는 2016년에 약 10억 개에 달했다. 블록체인은 여러 모습으로 발전하여 미래에는 워드프레스Wordpress나 스퀘어스페이스Squarespace에 웹사이트를 만드는 것만큼 쉽게 사용 가능할 것이다.

웹이 입지를 다져놓은 덕분에 블록체인 이용률은 큰 이득을 본다. 신규 사용자를 군이 찾지 않고도 웹 사용자, 휴대폰 사용자, 웹사이트 보유자, 사물 인터넷 등 네 가지 영역에서 이미 어느 정도의 이용률이 확보되기 때문이다.

블록체인은 몇 가지나 존재할까?

블록체인은 정해진 틀이 없다. 인터넷 네트워크 프로토콜인 TCP/IP의 신규 버전도 아니고 또 다른 인터넷도 아니다. 2015년에 오로지 비트코인 블록체인만을 지지하던 몇 사람들은 다수의 블록체인이 존재하는 상황을 반기지 않았다. 그들은 비트코인 맥시멀리즘[5]을 주장하며 비트코인을 인터넷처럼 일차원적으로만 바라봤다. 인터넷의 경우 단 하나만 존재하였기에 지금처럼 엄청난 규모로 전파된 것이 사실이다. 그러나 블록체인은 인터넷과 그 구조가 다르다. 월드 와이드 웹이 인터넷을 기반으로 자신만의 기술적 표준을 가지고 구현된 것처럼 블록체인 역시 인터넷을 기반으로 구현되는 새로운 프로토콜이라 할 수 있다.

블록체인은 데이터베이스, 개발 플랫폼, 네트워크 이네이블러(조력자)의 성격을 두루 가진다. 따라서 다양한 용도에 걸맞은 여러 변형이 필요하다. 블록체인은 인터넷을 기반으로 다양한 형태를 취할 수 있다. 신뢰층, 교환 매개, 안전한 통로, 탈중앙형 기능 등 수많은 임무를 맡을 것이다.

사람들은 블록체인이 어떻게 사회에 채택되고 도입될 것인가를 웹이 지난 세월 걸어온 길과 비교하곤 한다.

웹은 상업화된 지 3년(대략 1994~1997년)이 지나서야 다수의 기업

---

5 비트코인 맥시멀리즘이란 진정한 네트워크 효과를 누리려면 오로지 비트코인을 단일 화폐이자 단일 블록체인으로 사용해야 한다는 주장으로, 비트코인을 제외한 다른 모든 블록체인/암호화폐 관련 프로젝트를 거부한다. (원주)

들로부터 그 가능성을 온전히 인정받았다. 그리고 인터넷이 1983년 출시된 후 7년이 흘러서야 웹이 본격적인 활약할 수 있었다. 비트코인이 대중의 시야에 자리를 잡기까지 3년의 침묵기(2009~2012년)를 보낸 것처럼 블록체인도 3년 정도(2015~2018년)는 다소 미스터리하고 복잡한 기술적 동향으로 인식될 것이다.

블록체인 애플리케이션

웹은 인터넷 없이 존재할 수 없었다. 블록체인도 마찬가지다. 사람들은 컴퓨터들을 어떻게 연결해야 할지 궁리하는 일보다 정보를 검색하고 활용하는 데 더 흥미를 느꼈기 때문에 웹은 인터넷을 훨씬 유용한 대상으로 만들었다. 블록체인 애플리케이션은 인터넷을 필요로 하지만 웹은 거치지 않아도 되기 때문에 웹보다 더욱 공정하고 탈중앙화된 환경을 제공할 수 있다. 이것이 블록체인 기술의 가장 큰 장래성 중 하나이다.

블록체인도 웹처럼 인터넷을 기반으로 한다.

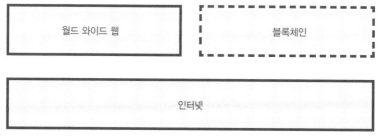

블록체인 애플리케이션을 구축하는 방법은 다양하다. 가장 단순하게는 블록체인 위에 구축할 수도 있고 기존의 웹 애플리케이션과 혼합할 수도 있는데 후자를 '하이브리드 블록체인 애플리케이션'이라 부르겠다.

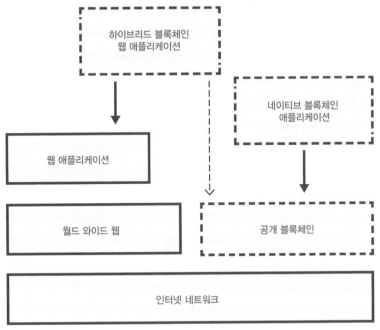

블록체인 애플리케이션의 다양한 형태

© William Mougayar, 2016

인터넷은 하나의 공개망과 변형된 여러 개의 사설망으로 이루어진다. 블록체인도 비슷한 흐름을 타고 공개 블록체인과 비공개 블록체인이 생겨날 것이다. 일부는 태생적으로 블록체인을 기반으로 만들어질 것이고(네이티브) 일부는 기존의 웹 애플리케이션이나 비공개 애플리케이션과 같은 형태(하이브리드)를 띨 것이다.

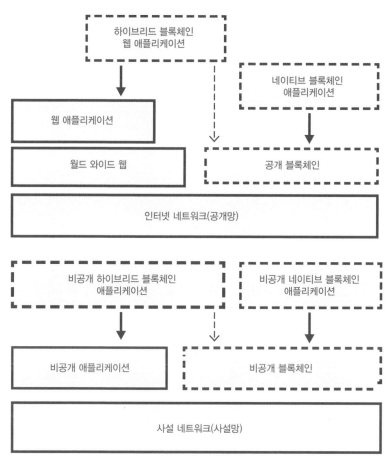

블록체인 애플리케이션의 네 가지 형태

© William Mougayar, 2016

블록체인의 강력한 내러티브

영향력이 큰 기술이나 트렌드는 보통 강력한 내러티브를 전달한다. 이야기와 내러티브의 차이점은 무엇일까? 보통 널리 알려져 있고 그 내용에 변함이 없는 사건을 이야기라고 한다면, 내러티브는 해당 트렌드에 관련된 사람들을 위해 좀 더 개인적인 이야기를 창조한다.

존 헤이글John Hagel은 두 가지의 차이를 아래와 같이 설명했다.[6]

> 이야기는 서론, 본론, 결론이 완성되어 있는 반면 내러티브는 결말이 열려
> 있다. 이야기는 화자 또는 제3자에 대한 내용이지만 내러티브는 청자인 당
> 신의 선택과 행동에 따라 결말이 바뀐다.

인터넷은 강력한 내러티브를 가지고 있었다. 사람들에게 인터넷의 사용 목적을 묻거나 인터넷이 각자에게 어떤 의미인지 묻는다면 저마다 다른 답변을 내 놓을 것이다. 이것이 가능한 이유는 사람마다 자신만의 방법으로 인터넷을 받아들이고 사용하기 때문이다.

블록체인 역시 우리의 상상력에 불을 지피며 강력한 내러티브를 전달한다. 헤이글은 내러티브의 특장점을 다음과 같이 소개했다.

- **차별성**: 두각을 드러내도록 도와준다.
- **영향력**: 사용자를 집결시킨다.
- **광범위한 혁신**: 정해진 방향 없이 혁신의 기운을 퍼뜨린다.
- **매력**: 대중이 당신이 만든 기회와 도전에 이끌린다.
- **관계**: 내러티브에 빠져든 사람들과의 지속적인 교류를 돕는다.

존 헤이글의 말을 빌려 블록체인의 강력하고도 지속 가능한 내러티브를 표현하면 다음과 같을 것이다. "사람들을 블록체인의 경계 너머로 이끌어 서로 교류하고 변화의 행동을 취하도록 한다."

---

6   http://edgeperspectives.typepad.com/edge_perspectives/2013/10/the-untapped-potential-of-corporate-narratives.html (원주)

메타 기술

블록체인은 다른 기술에 영향을 미칠 뿐만 아니라 그 자체도 여러 기술로 이루어져 있으므로 메타 기술[7]이라 할 수 있다. 즉 블록체인은 인터넷상에서 동작하는 컴퓨터와 네트워크의 오버레이 역할을 한다. 블록체인은 여러 층의 아키텍처를 가진다. 여기에는 데이터베이스, 소프트웨어 애플리케이션, 서로 연결된 컴퓨터들, 블록체인에 접근하는 클라이언트, 개발을 위한 소프트웨어 환경, 감시/모니터링 도구 등이 포함된다(6장에서 자세히 설명한다).

블록체인은 단순히 새로운 또 하나의 기술이 아니다. 현존하는 관행들을 대체하거나 보완할 가능성을 가지고 있기에 다른 소프트웨어 기술에 도전하는 형태의 기술이다.

블록체인은 과거의 웹만큼이나 혁신적인 기술이다. 웹이 등장하면서 소프트웨어 애플리케이션 작성법이 변했고 이후 등장한 소프트웨어 기술은 기존의 것을 대체했다. 1993년 마크업 언어 HTML은 출판을, 1995년 웹 프로그래밍 언어인 자바는 프로그래밍을 변화시켰다. 그보다 몇 년 전 컴퓨터 네트워크 프로토콜인 TCP/IP는 네트워킹을 전 세계적으로 호환시켰다.

소프트웨어 개발 분야에서 블록체인이 야기한 가장 큰 패러다임의 변화는 기존 데이터베이스의 기능과 독점에 대한 도전이다. 따라서 현존하는 데이터베이스 환경을 블록체인이 어떤 방식으로 재고하게 만드는지 잘 이해해야 한다.

블록체인은 비즈니스 로직을 스마트 계약[8]으로 프로그래밍하여 구동

---

7 기술을 만드는 기술. 기술 구현을 더 쉽고 효과적이게 하거나 DIY(do it yourself)를 가능케 하는 것이 목적이며 대표적인 예로는 3D 프린팅이 있다.

할 수 있는 새로운 스크립트 언어를 제공하여, 사람들이 애플리케이션을 작성하는 방법을 변화시키고 있다.

소프트웨어, 게임이론, 암호학

이번에는 블록체인을 기존에 널리 알려진 세 분야, 즉 1) 게임이론, 2) 암호학, 3) 소프트웨어 엔지니어링 세 분야의 결합으로 놓고 살펴보자. 모두 개별적으로는 오랫동안 존재했지만 블록체인 기술을 통해 처음으로 조화롭게 교차된 셋의 모습을 볼 수 있다.

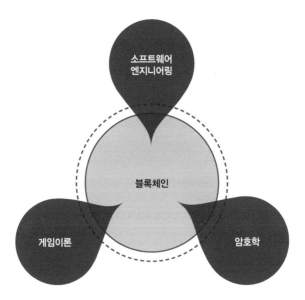

© William Mougayar, 2016

---

8   거래 당사자들 간의 신뢰를 블록체인의 고유 기능을 사용하여 검증하는, 자체적으로 실행되는 일종의 계약 프로그램을 말한다. 2장에서 자세히 다룬다.

게임이론은 '영리하고 합리적인 의사결정자들 사이에서 벌어지는 분쟁과 협동을 수학적 모델로 연구하는 분야[9]라는 점에서 블록체인과 관련 있다. 나카모토 사토시가 주창한 비트코인 블록체인도 '비잔틴 장군 문제'[10]라는 게임이론의 난제를 해결해야 했다. 비잔틴 장군 문제를 해결하기 위해서는 전쟁에서 승리를 거두기 위해 공격 작전을 거짓으로 알리는 소수의 비윤리적인 장군들의 행위를 막아야 한다. 비트코인이 내놓은 해결책은 다음과 같다. 메시지를 만들기 위해 투입한 작업을 기반으로 메시지의 진위를 검증하는 프로세스를 두는 것, 그리고 그 메시지들의 유효성을 보장하기 위한 검증 시간에 제한을 두는 것이었다. '비잔틴 장애 허용'[11]을 구현하는 것은 매우 중요하다. 네트워크 안의 그 누구도 믿을 수 없고 주변에 공격의 위험이 도사리고 있음에도 불구하고 신뢰 네트워크를 통한 거래는 여전히 무사히 그리고 안전하게 성사될 수 있다는 가정을 가지고 시작하기 때문이다.

거래 완료의 안전을 보장하는 이 새로운 방법은 큰 시사점을 갖는다. 현재 신뢰 보증의 역할을 담당하는 기관들의 필요성에 의구심을 품게 하기 때문이다. 신뢰 보증을 자체적으로 해결할 수 있는 네트워크에서 쌍방 간의 거래가 동일한 수준으로 안전하게 이루어질 수 있다면 기존의 신뢰

---

9 Myerson, Roger B. (1991). *Game Theory: Analysis of Conflict*, Harvard University Press. (원주)

10 http://research.microsoft.com/en-us/um/people/lamport/pubs/byz.pdf (원주)
   위치적으로 떨어져 있는 비잔틴 제국의 부대들을 지휘하는 장군들은 전령을 통해 적의 도시를 함락할 정확한 시간을 정하기 어려웠다. 교신 과정에서 적이 전령의 내용을 알아채거나 일부 장군 혹은 내부 군사들이 배신할 가능성이 있어 합의에 이르기 어렵기 때문이다. 이에 빗대어 분산 시스템에서 구성 요소 간 합의 도출의 어려움을 일컫는 말이다.

11 시스템 구성 요소 중 일부가 고장 나거나 결함이 있어도 정상적으로 동작하는 시스템을 '장애 허용 시스템'이라 한다. 비잔틴 장애 허용은 시스템의 올바른 동작을 위해 합의가 필요한 상황에서 일부 구성 요소들이 합의에 이르지 못하여 발생하는 시스템 오류(비잔틴 실패)를 막을 수 있는 장애 허용 시스템의 한 종류를 가리킨다.

보증 기관들이 더 이상 왜 필요할까?

암호학은 블록체인 네트워크에서 보안을 제공하기 위해 여러 부분에서 활용되며, 해시, 키, 디지털 서명 세 가지 기본 개념으로 이루어져 있다. 먼저 해시는 실제 정보 내용을 확인하지 않고도 해당 정보가 수정된 적이 있는지를 검증할 수 있는 유일무이한 지문이다. 키는 공개 키public key 와 개인 키private key가 있으며, 적어도 한 쌍 이상의 조합으로 쓰인다. 눈앞에 키가 두 개 있어야 열 수 있는 문이 있다고 상상해보자. 공개 키는 송신자가 정보를 암호화하는 데 사용하며 이 정보는 해당 공개 키와 조합을 이루는 개인 키의 소유자만 해독 가능하다. 절대 개인 키를 노출해서는 안된다. 디지털 서명은 (디지털) 메시지나 문서의 진위 여부를 증명하는 데 사용되는 수학적 계산을 말한다.

암호학은 공개/비공개 헤게모니에 기초를 둔다. 이는 공개적으로 열람은 가능하나 검증inspection은 비공개로 진행되는 블록체인의 음과 양의 속성이다. 우리 각자의 집 주소와도 비슷하다. 사람들은 집주소를 남에게 공개하지만 집 내부가 어떤 모양인지까지는 알려주지 않는다. 당신 집에 출입하기 위해서는 당신의 개인 키가 필요하며, 당신 집 주소와 똑같은 주소를 가질 수 있는 제3자는 없다.

암호학의 개념 자체는 오래전부터 존재했다. 다만 이제서야 블록체인의 전체적인 구조를 완성하기 위해 소프트웨어 엔지니어들이 게임이론과 암호학을 결합하여 외견상 불확실하게 보이는 것을 수학적 확실성으로 보완하는 노력을 시작한 것이다.

데이터베이스 vs. 원장

이제 제3자 없이도 거래를 검증할 수 있게 되었다. 그럼 '데이터베이스는 어떻게 되는가?'라는 질문이 생길 수 있다. 사람들은 늘 데이터베이스를 믿을 만한 자산 보유고로 인식해왔다.

블록체인에서 원장이란 블록체인 네트워크로 검증된 거래들의 목록을 보유하는 무결점 기록을 일컫는다.

이 상황에서 데이터베이스와 원장이 어떤 차이가 있는지 그림으로 살펴보자.[12]

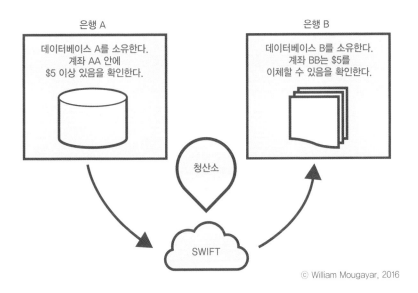

은행 A
데이터베이스 A를 소유한다.
계좌 AA 안에
$5 이상 있음을 확인한다.

은행 B
데이터베이스 B를 소유한다.
계좌 BB는 $5를
이체할 수 있음을 확인한다.

청산소

SWIFT

ⓒ William Mougayar, 2016

당신이 은행에서 계좌를 개설하면 그 '계좌'의 각종 권한을 은행에 양도한다. 당신이 은행을 신뢰하고 재정 업무를 위탁하는 대가로, 은행은 당신에게 거래(이체, 입금, 결제) 내역에 대한 열람권과 접근권을 제공한다고 말하지만 그것은 허상이다. 엄밀히 얘기하면 그 '접근권'은 당신의 계좌에 얼마의 돈이 있다고 기록된 데이터베이스에 접근할 수 있는 권리다. 또한,

---

12 은행 간 국제 결제망(Society for Worldwide Interbank Financial Telecommunication)

은행은 계좌 보유액에 관한 정보를 표시하는 데이터베이스를 소유하고 당신이 그 액수를 '가졌다'고 믿게 하는 상위 권한을 누린다.

은행 업무는 복잡하다. 그럼에도 위의 예시를 통해 실제 은행이 보유한 돈에 대해 접근을 승인하거나 거부하는 제어 계층을 은행이 거머쥐고 있다는 사실을 강조하고자 했다. 이 개념은 주식, 채권, 증권 등 모든 종류의 디지털 자산에 적용되며 해당 자산을 관장하는 금융기관들은 모두 당신을 대신하여 통제권을 취한다.

블록체인 세상을 살펴보자.

위에 든 사례에서 복잡성이 사라진다. 당신이 디지털 지갑에서 돈을 이체하면 블록체인 네트워크가 인증과 유효성 검증을 완수하고 이체를 실행한다. 여기에 걸리는 시간은 10분 내외[13]이고 경우에 따라서 중간에 암호화폐 간의 교환 단계가 있을 수도 있다.

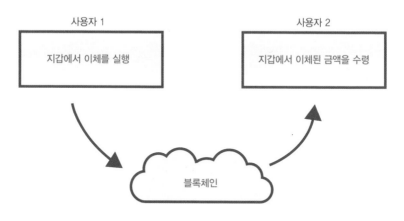

© William Mougayar, 2016

---

13 비트코인의 블록체인 설계상 거래 승인까지 평균 10분이 소요된다.

이것이 블록체인이 부리는 가장 간단한 형태의 마술이다. 이 때문에 나는 블록체인의 도입 작업에 참여코자 하는 사람들에게 직접 디지털 지갑을 통해 위의 사례처럼 거래를 시도해보라고 조언한다. 디지털 지갑은 시중에 나와 있는 어느 것이라도 다운로드해서 사용 가능하고, 당신이 사는 지역의 비트코인 거래소에 등록하기만 하면 이를 경험해볼 수 있다. 직접 해보면 '중개자가 없다'는 말을 체감하며 현존하는 중개자들이 왜 여전히 필요한지 자문하게 될 것이다.

온고지신

블록체인은 기술 진화의 여러 단계 중 어느 위치에 와 있을까?

2003년 니콜라스 카는 하버드 비즈니스 리뷰에 「IT는 중요치 않다」[14]라는 중대한 논문을 기고했다. 카의 논문은 IT 업체들을 뒤흔들었고 그들의 전략적 타당성에 의문을 제기했다.

> 자원은 편재성이 아닌 희소성을 띨 때 지속 가능한 경쟁력을 가진다. 경쟁자가 소유할 수 없는 역량과 자원을 가지고 있어야 시장에서 승리한다. 현재는 정보 기술의 핵심 기능, 즉 데이터 저장소, 데이터 처리, 데이터 전송은 누구나 누릴 수 있는 상황이다.

카의 논문은 이후 약 2년간 격렬한 논쟁거리가 되었다. 그러나 강력한 신규 컴퓨팅 플랫폼인 웹이 부상하면서 당시 IT 경쟁력의 한계를 예견한 그의 주장은 현실화될 조짐을 보였다. 웹은 불시에 CIO(최고정보책임자) 앞에 등장해 그들을 최소 3년 동안 혼란에 빠뜨렸다. 이때 다수의 CIO들은

---

14 https://hbr.org/2003/05/it-doesnt-matter (원주)

2000년 문제(Y2K)[15]의 해결책을 마련하는 데 집중했다. 웹을 남보다 앞서 마스터한 자들은 경쟁에서 우위를 점하였다. 이렇게 웹의 등장으로 IT는 쇠퇴의 길을 걷기 시작했다. 아래 도표에서 볼 수 있듯 IT 지상주의는 인터넷 시대의 시작과 함께 끝을 맺었으며 인터넷 시대 또한 블록체인의 장래성이 불거짐에 따라 막을 내릴 것이다.

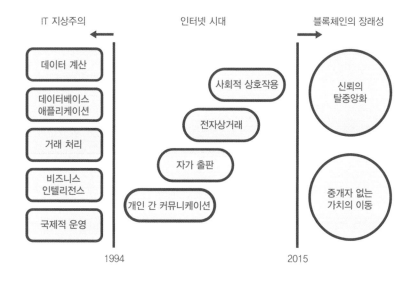

© William Mougayar, 2016

기술 진화의 흐름을 조망하는 또 다른 방법이 있다. 웹이 진화한 과정을 여러 단계로 나누어 블록체인 역시 P2P 및 신뢰 기반 자산 거래가 구현되는 하나의 단계로 인식하는 것이다. 1994년 이래 인터넷이 낳은 핵심적

---

15 1999년 12월 31일에서 2000년 1월 1일로 넘어갈 때 날짜나 시각에 오류가 일어나는 문제. 밀레니엄 버그라고도 한다. 연도를 두 자리로 저장했던 컴퓨터 설계에서 비롯되었다.

인 혁신들을 떠올려보자. 개인 간 커뮤니케이션, 자가 출판, 전자상거래, 소셜 웹 등이 있다. 이 네 단계는 각각 우체국, 인쇄 매체, 공급망/오프라인 매장, 현실 세계의 근간을 붕괴시켰다.

단계	목표	붕괴 대상	성과
커뮤니케이션	소통의 경계 몰락	우체국	개인 간의 커뮤니케이션
출판	아이디어 전파	출판 매체	자가 출판
상거래	거래	공급망/오프라인 매장	전자상거래
사회적 상호작용	교류	현실 세계	소셜 웹
자산 거래	보유 자산 관리	현존하는 관리 기구	신뢰 기반 서비스

© William Mougayar, 2016

여기서 아이러니가 발생한다. 블록체인 기반 애플리케이션이 모든 웹 애플리케이션을 대체할 수 있다는 점이다. 웹이 정보 출판, 커뮤니케이션, 전자상거래를 가능케 했지만 해당 기능들은 이제 블록체인 기반의 P2P 프로토콜을 이용하는 신규 서비스로 대체될 운명에 놓여 있다.

블록체인을 파헤치다

블록체인을 좀 더 깊숙이 들여다보자. 앞에서도 강조했지만 블록체인은 하나의 제품, 트렌드, 또는 기능으로서 정의하기 어렵다. 여러 가지 퍼즐 조각으로 이루어져 그중 일부는 함께, 나머지는 독립적으로 구동한다.

1995년 상업화되기 시작한 인터넷을 두고 사람들은 다양한 목적을 가진 현상이라고 묘사했다. 나는 1997년 쓴『디지털 시장을 열다』를 통해 인터넷이 가진 '다섯 가지 속성'을 소개하며 '속성별로 차별화된 전략을 고안하여 성과를 달성해야 한다'고 덧붙였다. 웹은 네트워크이자 개발 플랫폼, 거래 플랫폼, 매체 그리고 시장이었다(커뮤니티나 소셜 네트워크는 그 당시에는 없었고 차후에 수면 위로 떠올랐다).

블록체인은 이보다 훨씬 넓은 범위의 다양한 기능을 지닌다. 아래는 블록체인에서 동시에 드러나는 열 가지 속성이다.

1. 암호화폐
2. 컴퓨팅 인프라
3. 거래 플랫폼
4. 탈중앙형 데이터베이스
5. 분산 회계 원장
6. 개발 플랫폼
7. 오픈 소스 소프트웨어
8. 금융 서비스 시장
9. P2P 네트워크
10. 신뢰 서비스 계층

블록체인의 근본을 이해하기 위해 각 속성에 대해 하나씩 알아보자.

1 디지털 암호화폐

디지털 화폐 기능은 가장 잘 드러나는 블록체인의 요소일 것이다. 특히 비트코인(BTC)이나 이더리움(ETH) 같은 공개 블록체인일 경우가 그렇다. 암호화폐는 블록체인의 운용과 보안을 책임져줄 경제적 대용물이다. 암호화폐의 근본 개념을 표현하는 토큰token으로 형상화되기도 한다.

암호화폐가 보완해야 할 문제 중 하나는 높은 가격 변동성이다. 이 문제로 많은 소비자들이 암호화폐를 꺼리기도 한다. 2014년 로버트 샘스

Robert Sams는 암호화폐의 가격을 안정시키는 방법을 논한 논문에서 닉 서보Nick Szabo의 말을 인용했다.

> 비트코인의 가격 변동성은 그것의 미래가 불확실하기 때문이다. 보다 효율적인 유동성을 제공해도 불확실성을 낮추는 데에는 도움이 되지 않는다.

암호화폐가 사회에서 더 잘 받아들여지고 이해될수록 불확실성이 낮아지면서 안정되고 점진적인 수용 증가 곡선을 보일 것이다.

암호화폐는 거래 검증에 성공한 채굴자[16]에게 보상을 수여하는 '생산' 역할을 하는 동시에, 스마트 계약을 구동하는 대가로 일정 수수료를 이더리움의 ETH 또는 그에 상응하는 리플Ripple의 XRP나 비트코인의 BTC로 지불하는 '소비' 역할도 한다. 이러한 경제적 인센티브와 비용의 개념은 블록체인의 오용을 방지하기 위해 등장했다. 한 걸음 더 나아간 운용 사례를 들자면 분산된 자율 조직(DAO)처럼 이 토큰이 내부에서 통용되는 가치internal value의 단위로 사용되는 경우다. 이에 관해서는 5장과 7장에서 더욱 자세히 다룰 것이다.

암호화폐는 블록체인에서 구동될 뿐 여느 화폐와 다를 바 없다. 교환소에서 거래되고 재화와 서비스를 구입하는 데 사용된다. 다만 현재의 암호화폐는 블록체인 네트워크에서는 매우 유용한 반면 우리가 기존에 사용하는 화폐, 즉 법정 통화fiat currency의 경계 안으로 들어오기만 하면 마찰이 빚어진다.

---

16 채굴자는 자신의 컴퓨팅 파워를 이용하여 블록체인(대표적으로 비트코인)을 생성하고 유지하며 거래 데이터의 무결성을 인증한다. 그 대가로 암호화폐가 주어진다.

2 탈중앙형 컴퓨팅 인프라

소프트웨어 디자인의 측면에서 볼 때 블록체인은 저장된 정보를 배포하고 기록하는 데 동일한 '합의' 처리 과정을 따르는 다수의 컴퓨터가 한데 묶여 그 안에서 벌어지는 모든 상호작용이 암호에 의해 검증되는 구조다.

블록체인의 진정한 물리적 동력은 네트워크로 연결된 컴퓨터 서버들이다. 하지만 신기하게도 블록체인 개발자들은 이 서버들을 셋업할 필요가 없다. HTTP(하이퍼텍스트 전송 프로토콜) 요청이 서버로 전송되는 웹과는 달리 블록체인 애플리케이션에서는 네트워크가 블록체인에 요청을 하기 때문이다.

3 거래 플랫폼

블록체인 네트워크는 디지털화한 돈 혹은 자산과 연관된 다양한 형태의 가치 거래value-related transaction를 검증한다. 합의가 이뤄질 때마다 거래는 일종의 저장 공간인 '블록'에 기록된다. 블록체인은 거래를 지속적으로 기록하며 이는 암호학에 의해 향후 거래 사실의 증거가 된다. 따라서 블록체인은 액수에 구애 없이 모든 거래를 처리할 수 있는 거대한 거래 처리 플랫폼이다.

그렇다면 블록체인은 다른 거래 처리 네트워크와 비교해서 얼마큼의 처리 능력을 가지고 있을까? 초당 처리 거래량(TPS)으로 비교해보자. 비자넷VisaNet은 2015년 기준 평균 2,000 TPS, 최고 4,000 TPS를 처리했으며 처리 역량은 56,000 TPS에 달했다. 페이팔의 경우 2015년 동안 총 49억 건의 지불 거래를 처리했는데,[17] 이는 155 TPS와 동일한 수치이다. 2016년 현재 비트코인 블록체인은 5~7 TPS에 머무르고 있다. 하지

---

17 https://www.paypal.com/webapps/mpp/about (원주)

만 사이드체인[18] 기술이 발전하고 비트코인 블록 규모가 증가되면 앞으로 큰 폭의 향상이 예견된다. 어떤 블록체인은 비트코인보다 거래 처리 속도가 빠르다. 이더리움은 2015년에 10 TPS로 시작했지만 2017년에는 50~100 TPS까지, 2019년까지는 50,000~100,000 TPS에 이르는 것을 목표로 하고 있다.[19] 비공개 블록체인은 보안 관련 요구 조건이 덜 까다롭기 때문에 더 빠르며 2016년에 이미 1,000~10,000 TPS에 도달했다. 2017년에는 2,000~15,000 TPS, 2019년 이후에는 처리 역량에 제한이 없는 무제한 TPS가 가능할 것이라 점쳐진다. 블록체인을 데이터베이스 클러스터 기술[20]과 연동할 경우 이런 거래 처리량의 허용치는 더욱 커져 긍정적인 개발의 결과로 이어질 것이다.

4 탈중앙형 데이터베이스

블록체인은 데이터베이스 및 거래 프로세스의 패러다임을 뒤흔들었다. 2014년 나는 개발자들을 향해 다음과 같이 경고했다. 블록체인이라는 새로운 데이터베이스가 등장했으니 이제 모든 응용프로그램을 새로 작성할 채비를 하라고 말이다.

블록체인은 당신이 어떤 데이터이든 반공개적으로 블록에 저장하는 곳이라고 볼 수 있다. 다른 사람들은 블록에 새겨진 당신의 서명을 통해 정보를 저장한 자가 당신이라는 것을 검증할 수 있다. 그러나 데이터에 대한 개인 키를 갖고 있는 오직 당신(또는 연동된 프로그램)만이 블록 안의 정보를 들여다볼 수 있다.

---

18 각기 다른 블록체인에 존재하는 자산 간의 상호 거래를 가능케 하는 기술. 이를 통해 이더리움 블록체인 위에서도 비트코인 거래가 가능하다.

19 비탈리크 부테린과 개인적으로 나눈 대화가 출처다. (원주)

20 하나의 데이터베이스를 여러 개의 서버가 나눠서 처리함으로써 안정성과 처리 속도를 높이는 기술

저장된 정보의 일부분인 '헤더'(일종의 요약본)가 공개된다는 점만 제외하면 블록체인은 흡사 데이터베이스와 같은 역할을 한다. 사실 블록체인이 엄청나게 효율적인 데이터베이스는 아니지만 이는 문제가 되지 않는다. 블록체인의 애초 목표가 대량의 데이터베이스를 대체하는 것이 아니기 때문이다. 그보다 소프트웨어 개발자들은 어떻게 하면 블록체인의 상태 전이 능력state transitions capability을 최대한 활용할 수 있을지 고민하며 응용프로그램을 재작성해야 할 필요가 있다.

5 공유된 분산 회계 원장

블록체인은 분산되어 있고 공개되어 있으며 타임스탬핑이 지속적으로 이루어지는 자산 원장으로서 네트워크에서 처리되는 모든 거래의 흔적을 기록한다. 이 분산 원장을 통해 사용자의 컴퓨터가 모든 거래의 유효성을 검증할 수 있기 때문에 이중 계산의 우려가 없다. 분산 원장은 다수의 당사자들과 공유 가능하며 공개, 반공개, 비공개 설정이 모두 가능하다.

많은 사람이 블록체인을 '거래들의 분산 원장'으로 설명하고, 어떤 이들은 이것을 두고 킬러앱[21]의 특성을 가졌다고 해석한다. 그러나 분산 원장은 블록체인이 지닌 특성의 하나일 뿐이다.

6 소프트웨어 개발 플랫폼

개발자에게 블록체인은 단연 소프트웨어 기술들의 집합체이다. 물론 이런 기술들에는 '중앙 권력으로부터의 탈피(탈중앙화)'라는 정치사회적인 변화가 깔려 있지만, 그와 함께 새로운 기술도 함께 몰고 온 것이 사실이

---

21 어떤 플랫폼에서 해당 기술의 핵심 가치를 증명할 수 있을 만큼 뛰어나고 필요성이 검증된 컴퓨터 프로그램을 가리킨다. 예를 들어 초창기 컴퓨터의 킬러앱은 스프레드시트였다.

다. 소프트웨어 엔지니어에게 이러한 새로운 개발 도구들은 환영의 대상이다. 블록체인에는 암호학적으로 안전한 새로운 탈중앙형 애플리케이션을 작성할 수 있는 기술이 내재되어 있다. 따라서 블록체인은 애플리케이션을 작성하는 새로운 방법이라고도 할 수 있다.

또한, 블록체인은 다양한 API를 제공한다. 거래 스크립트 언어, P2P 노드 간 커뮤니케이션 API, 네트워크상에서 거래를 점검할 수 있는 클라이언트 API가 대표적인 예다. 소프트웨어 개발 측면은 6장에서 자세히 다룬다.

7 오픈 소스 소프트웨어

가장 견고한 블록체인은 오픈 소스 기반이다. 이는 소프트웨어의 소스 코드가 공개되어 있어 핵심 소프트웨어 위에서 공동 작업을 통한 혁신이 일어날 수 있다는 의미다.

비트코인의 핵심 프로토콜도 오픈 소스이다. 비트코인은 나카모토 사토시가 처음 개발한 이후 '핵심 개발자 그룹'에 의해 현재까지도 보완 및 지속 개발되고 있다. 더불어 무수한 독립 개발자들이 비트코인 프로토콜의 견고성을 취한 보완 상품, 서비스, 애플리케이션을 만들어 혁신을 선도하고 있다.

오픈 소스 소프트웨어는 블록체인의 강력한 장점이다. 블록체인의 핵심이 대중에게 공개될수록 그것을 둘러싼 생태계 역시 더욱 강화될 것이다.

8 금융 서비스 시장

돈은 암호화폐 기반 블록체인의 심장부이다. 암호화폐가 일반 화폐와 똑같이 취급되게 되면 다채로운 금융상품의 신규 개발이 이뤄질 것이다.

블록체인은 차세대 금융 서비스에 혁신적인 환경을 제공한다. 암호화폐의 가격 변동성이 잦아들면 곧 대중화될 것이다. 파생, 옵션, 스왑, 합성 상품, 투자, 대출 등 기존 상품들의 암호화폐 버전이 출시될 것이고, 새로운 금융 서비스 거래 시장이 형성될 것이다.

9 P2P 네트워크

블록체인에서 '중앙에 집중된 권력'은 존재하지 않는다. 아키텍처 측면에서 블록체인의 밑바탕은 P2P 네트워크다. 블록체인은 동등 계층에 위치한 노드 간의 처리를 통한 탈중앙화를 구현한다. 여기서 네트워크는 실제 컴퓨터를 말한다. 당신은 P2P 수준에서 각기 다른 거래들을 검증한다. 따라서 블록체인을 완전한 탈중앙형의 경량^{thin} 컴퓨팅 클라우드로 볼 수도 있다.

어느 사용자든지 시공간의 제약 없이 즉시 거래가 가능하다. 두 명 이상의 사용자 혹은 노드 간의 거래를 걸러내고, 차단하고, 일을 지연시키는 중개자는 필요 없다. 모든 네트워크 사용자(노드)는 네트워크 안에서 존재하는 거래에 관한 지식을 기반으로 서비스를 제공할 수 있다.

블록체인은 P2P 네트워크뿐만 아니라 사용자를 위한 마켓플레이스도 형성한다. 블록체인상에서 구동하는 네트워크와 애플리케이션은 자체적으로 크고 작은 (분산된) 경제를 만든다. 이로써 블록체인은 하나의 경제 모델을 제시한다. 이 부분이 책 후반부에서 다룰 핵심 내용이다.

10 신뢰 서비스 층

모든 블록체인은 신뢰를 서비스의 기본 단위로 삼는다. 신뢰는 거래뿐만 아니라 데이터, 서비스, 프로세스, 신원 조회, 비즈니스 로직, 계약 사항, 실체를 가진 대상에도 적용된다. 내재 가치나 연관 가치가 있는 디지털화 가능한 어떠한 (스마트) 자산에도 적용된다.

이상 언급한 열 가지 강력한 기능과 특징을 기반으로 탄생할 혁신적인 매시업[22]을 상상해보자. 이 특징들을 조합해보면 블록체인의 영향력을 가늠해볼 수 있다.

상태 전이와 상태 기계는 무엇인가?

블록체인의 패러다임을 이 세상 모든 것에 적용하기는 어렵다. 블록체인은 '상태 기계state machine'라고 할 수 있는데, 이 개념이 무엇인지 알아보자.

기술 용어로 상태state란 특정 시점에 '저장된 정보'를 말한다. 따라서 '상태 기계'는 주어진 시간 동안 특정 대상의 상태를 기억하는 컴퓨터 혹은 기기를 일컫는다. 입력된 값에 따라 상태가 변하므로 그 변화가 반영된 결과 값이 출력된다. 블록체인은 이러한 상태 전이 과정을 가감 없이 불변적으로 기록 및 유지한다. 이에 반해 데이터베이스의 기록은 언제든 수정 가능하다. 모든 데이터베이스가 감사 추적 이력을 가지고 있지는 않으며 설사 이력이 있다 하더라도 조작이 매우 쉬워 언제든 소실될 수 있다. 블록체인의 전이 이력은 영구적으로 보존되는 '상태'에 관한 정보이다. 이더리움 블록체인에는 각 주소의 현재 잔고를 표출하는 고유한 '상태 트리'가 저장되어 있고, 각 블록에는 이전 블록과 현재 블록 사이에서 발생한 거래 내역을 표현하는 '거래 목록'이 내장되어 있다.

상태 기계는 장애 허용 기능이 필수적인 분산형 시스템을 구현하는 데 적합하다.

---

22 하나 이상의 소스에서 얻은 콘텐츠를 활용하여 새로운 서비스를 개발하는 것. 사진과 그 사진을 찍은 장소 정보를 구글 지도와 조합하여 '지도 매시업'을 개발하는 것을 예로 들 수 있다.

합의 알고리즘

블록체인 패러다임으로의 대전환이 불러일으킬 영향력을 잘 이해하기 위해서는 무엇보다 암호학을 기반으로 한 컴퓨팅 혁명의 심장부인 '탈중앙형 합의'가 의미하는 바를 우선적으로 이해해야 한다.

탈중앙형 합의는 기존의 중앙집중형 합의 패러다임을 무너뜨린다. 중앙집중형 합의 패러다임에서는 하나의 중앙 데이터베이스가 거래 입증에 관련된 모든 권한을 통제한다. 이에 반해 (블록체인 프로토콜을 기반으로 하는) 탈중앙형 체제는 탈중앙화된 가상 네트워크에 신뢰 및 권한을 이전시켜, 네트워크의 노드들이 발생한 거래 내역을 지속적으로 그리고 순차적으로 공개된 '블록'에 기록하고, 이로써 유일무이한 '체인', 즉 블록체인이 생성된다. 연속되는 각 블록은 이전 코드의 '해시'(유일무이한 지문)를 담고 있어, 해시 코드를 이용한 암호학을 통해 중앙의 중개가 없이도 거래 출처의 진위 여부를 가려낼 수 있다. 암호학과 블록체인 기술의 조합은 하나의 거래에 대한 중복 기록 가능성을 완전히 배제한다. 이때 합의 로직이 애플리케이션 자체와는 분리되어 있다는 점이 중요하다. 이것은 유기적으로 탈중앙화된 애플리케이션의 제작이 가능하다는 뜻이며, 동시에 애플리케이션 소프트웨어 아키텍처 분야에 혁신을 몰고 올 여러 가지 시스템 체제의 변화를 예고한다. 여기서 애플리케이션의 목적 및 기능이 돈과 관련되어 있는지 여부는 상관없다.

합의는 탈중앙형 아키텍처 위에 놓인 첫 번째 층으로 볼 수 있으며, 블록체인 운영체제를 관장하는 프로토콜의 토대가 된다.

합의 알고리즘은 블록체인의 중추 기능으로서 거래를 수행하는 방법 혹은 프로토콜을 말한다. 블록체인은 신뢰가 절대적으로 보장되어야 하기 때문에 합의 알고리즘은 매우 중요하다. 비즈니스 목적으로 블록체인을 이용하는 경우, 그것의 보안을 신뢰하는 한 이런 알고리즘이 정확히 어떻게 작동하는지까지 이해할 필요는 없다.

비트코인은 작업 증명Proof-of-Work(POW) 합의법을 주도했다. 이는 합의 알고리즘의 조상 격이다. 작업 증명은 거래들이 주어진 상태에 따라 안전하게 이루어지도록 만드는 프랙티컬 비잔틴 장애 허용(PBFT) 알고리즘[23]을 기반으로 한다. 작업 증명을 대체하는 또 다른 합의 기법으로는 지분 증명Proof-of-Stake(POS)[24]이 있다. 그 밖에도 위임된 지분 증명Delegated POS, RAFT, Paxos 등의 합의 프로토콜이 있지만 굳이 여기에서 이들을 비교까지 하지는 않겠다. 우리는 이 알고리즘에서 탄생한 툴과 미들웨어 기술이 지닌 견고성, 그리고 이를 둘러싸고 부가가치를 창출하는 참여자들이 구성하는 생태계를 주시해야 한다.

작업 증명 알고리즘에는 친환경적이지 않다는 단점이 있다. 특화된 기기가 엄청난 처리 능력을 내기 위해서는 큰 에너지 소비가 뒤따르기 때문이다. 가상 채굴virtual mining과 토큰 투표token-based voting의 개념에 의존하는 지분 증명 알고리즘은 작업 증명의 강력한 경쟁자이며, 작업 증명만큼 컴퓨터 처리 능력이 요구되지 않기 때문에 좀 더 저렴한 비용으로 보안을 확보할 수 있다.

끝으로 합의 알고리즘을 논의할 때에는 합의 과정의 참여자와 제어권 소유자를 결정하는 '허가 부여permissioning' 방식에 대해 고려해야 한다. 가장 널리 쓰이는 허가 부여 방식으로 다음의 세 가지가 있다.

1. 공개 (예: 작업 증명, 지분 증명, 위임된 지분 증명)
2. 비공개 (제한된 블록체인 내에서 권한 설정을 위해 개인 키를 사용)

---

23 https://en.wikipedia.org/wiki/Byzantine_fault_tolerance (원주)

24 https://en.wikipedia.org/wiki/Proof-of-stake (원주)

3. 반공개 (예: 컨소시엄 기반의 연합 방식으로 기존의 비잔틴 장애 허용 기법을 사용)

1장의 핵심 아이디어

1. 웹과 블록체인 모두 인터넷 기반 기술이다.

2. 블록체인은 기술적, 비즈니스적, 법적으로 정의할 수 있다.

3. 블록체인은 암호학적 증명을 이용하여 당사자 간에 발생하는 거래의 진위 여부와 완수 상태를 결정짓는다.

4. 블록체인은 새로운 중개자를 창조하는 동시에 기존 중개자의 역할을 재정의한다. 이로써 전통적 가치의 경계를 붕괴시킬 것이다.

5. 블록체인은 열 가지 속성을 가지며 우리는 그 모두를 총체적으로 이해해야 한다.

2장

블록체인이 인증한 신뢰에
익숙해지는 사회

"사람들이 왜 새로운 생각을 두려워하는지
이해할 수 없다.
나는 오래된 생각이 두렵다."

– 존 케이지

블록체인 운영의 핵심은 '합의 도출'이다. 블록체인은 탈중앙형 방식으로 합의를 이룬다. 하나의 중앙 데이터베이스가 거래의 유효성을 결정하던 종래의 중앙집중형 합의 방식을 거부한다. 탈중앙형 합의 방식에서 신뢰와 권한은 탈중앙형 네트워크에 양도되고, 네트워크의 노드는 발생하는 거래를 공개된 '블록'에 지속적으로 기록한다. 이렇게 유일무이한 '체인'으로 엮인 블록, 즉 블록체인이 생성된다.

블록체인은 자연스레 우리 사회의 많은 부분에 직간접적으로 영향을 미칠 것이다. 여기서 중요한 것은 그 영향이 어떤 양상으로, 언제 그리고 어떻게 나타날 것인지 알아내는 일이다. 그런 의미에서 1장은 블록체인의 역량들을 파악하고 그것들이 향후 어떻게 쓰일지 이해하기 위해 단초 역할을 했다. 1장을 통해 블록체인에서는 중개자의 개입 없이도 P2P 간의 거래가 정상적으로 이루어질 수 있음을 믿게 되었을 것이다.

블록체인은 비단 한 분야에서만 우월하지 않다. 머리가 여럿 달린 괴

수처럼 여러 가지 모습을 취한다.

블록체인을 기술이라고 정의한 사람은 이것을 하나의 새로운 기술로 구현할 테고, 블록체인을 비즈니스에 변화를 불어넣을 수단으로 인식한 사람은 본인의 사업 프로세스를 들여다볼 것이며, 블록체인의 법적 영향력을 연구하는 사람은 새로운 통치적 특성(탈중앙화)에 고무될 것이다. 블록체인이 전에 없던 새로운 가능성을 가진 존재 혹은 전통에 도전하는 대상으로 보이는 사람은 그 가능성을 꿈꾸고 실현하기 위해 창작욕이 솟아날 것이다.

비트코인을 비롯한 블록체인은 태생부터 현 상태를 타파하기 위해 발명된 기술이다. 나카모토의 논문에 현 상태와의 통합을 언급한 부분은 그 어디에도 없다. 기존 사회와의 통합에 관한 논의는 논문이 발표된 후 비트코인을 또 다른 방법으로 해석하고 적용하려 노력한 사람들로부터 비롯되었다.

거시적 관점에서 블록체인이 시장에서 전개, 수용되는 과정은 웹이 진화해온 길과 크게 동떨어지지 않을 것이다.

새로운 신뢰층

블록체인은 신뢰에 대한 고정관념을 깨는 동시에 재정의한다.

'신뢰'의 종교, 철학, 정서상의 의미는 잠시 내려두고 비즈니스 거래에서 신뢰가 내포하는 여러 단어들을 떠올려보자. **의존, 의뢰, 예측 가능, 자신감, 진실, 보증, 신빙성, 확신, 책임감** 등이 해당된다.

그리고 나서 우리가 사회의 구성원으로서 혹은 사업가로서 일상에서 거래하는 신용기관을 떠올려보자. 대표적으로 은행, 정부, 신용카드 회사, 그리고 전기, 가스, 수도, 교통 등 공익 기업이 있다.

우리는 대개 위와 같은 기관들을 신뢰한다. 그들이 대부분 우리의 신뢰에 힘입어 일을 잘 처리하기 때문이다. 은행이 우리의 돈을 훔치는 일은 드물다. 우리가 원하면 언제든 계좌에 있는 현금을 인출할 수 있게 해준다. 정부 역시 우리에게 세금을 걷는 대신 여러 가지 공공 서비스를 제공한다. 카드 회사에서 발급한 신용카드를 가지고 있으면 언제 어디서든 필요한 때 돈을 대출받을 수 있다. 공공 기관들은 우리가 제때 이용료만 내면 전기, 수도, 통신 등을 계속 제공해준다.

이러한 상황이 문제 될 일이 없다고 생각할 수도 있다. 그러나 우리가 그들을 무한정 신뢰한다는 사실 때문에 그들이 그 신뢰를 악용, 오용, 남용하거나 수수료를 너무 과도하게 책정하는 경우가 생길 수 있음을 주지해야 한다.

은행은 우리가 상품을 구매한 그 즉시 계좌에서 돈을 이체할 수 있음에도 불구하고 사용한 수표에 대한 청산을 추후에 정해진 날짜로 미룬다. 정부는 우리가 낸 세금을 쉽게 낭비하지만 우리는 그런 내역을 보기도, 증명하기도 어렵다. 그런가 하면 대출 기준 금리가 1퍼센트밖에 되지 않는 상황에서도 신용카드 회사는 23퍼센트에 육박하는 금리를 부과한다. 공공 기관은 서비스 품질이 떨어지거나 일시적으로 서비스가 중단되는 상황에서도 제대로 된 보상을 해주지 않으며, 어떤 경우는 별다른 공지 없이 약관을 변경하여 더 높은 수수료를 챙기기까지 한다.

이런 상황이 버젓이 존재하는 데에는 다 이유가 있다. 우리가 그들을 전적으로 신뢰한 나머지 그들이 믿음을 저버리는 경우에도 관용을 베풀기 때문이다. 결국 신용기관들은 극에 달한 권한 남용으로 불행한 결과를 초래해도 사회에서 별다른 제재를 받지 않는다. 자, 그럼 블록체인은 여기서 어떤 역할을 할 수 있을까?

블록체인은 거래의 신뢰를 보장하고 투명성을 높이는 데 큰 역할을 한다. 이로써 신용기관들이 신뢰를 등져 발생하는 불상사를 경감 또는 제거할 수 있다. 이것은 비단 그들이 더욱 감시받게 되거나 대중의 질타를 두려워해서가 아니다. 최종적으로 그들의 실패 가능성을 중앙에서 주변으로 분산하여 총체적인 리스크를 줄이고 더 많은 사람에게 조기 경보 시스템 역할을 맡기게 되기 때문이다.

블록체인은 신뢰를 저버리는 행위를 방지하기 위해 진실을 확인할 수 있는 접근성을 확보하고, 투명성을 제공한다. 이 새로운 기술이 기존에 중개자들이 수행했던 신뢰 입증의 기능을 대체하는 동시에 부가적인 혜택까지 제공한다면 어떨까? 블록체인은 신빙성과 투명성을 기저에 깔고 있다. 이에 반해 대부분의 신용기관들은 그렇지 않다. 그래서 이 둘의 만남이 흥미로워진다.

신뢰의 탈중앙화란?

블록체인의 등장으로 신뢰는 새로운 목적지를 향해 간다. 사람과 중앙 기구의 통제 범위 안에 머물러 있던 신뢰는 이제 블록체인 기반의 탈중앙형 합의 프로토콜을 통해 컴퓨터와 탈중앙형 기구에 의해 보증된다.

기존 패러다임에서 사람들은 신뢰를 관장하는 기관들에 의지하며 그들이 우리의 거래, 데이터, 법적 상태, 소유물, 자산과 관련된 일을 처리하도록 했다.

새로운 패러다임에서는 중앙에 집중되었던 신뢰 권한의 일부가 그 기능을 대체하는 블록체인으로 이양될 것이다. 신뢰 인증 과정에 알력이 존재한다거나 서비스 수수료가 부담이 되는 문제를 블록체인이 해결할 수 있다.

그렇다면 블록체인은 신뢰 2.0 시대를 열 것인가? 즉 변화에 둔감하고 관료주의에 빠진 중앙 통제 기구에 의존하지 않고도 신뢰를 보증하는 진보한 형태의 신뢰를 제공할 것인가?

우리가 탈중앙형 신뢰에 확신을 갖기 위해서는 다음의 일곱 가지 원칙을 마음속에 잘 새겨야 한다.

1. 블록체인은 신뢰의 탈중개화disintermediation 수단이 아니다. 엄밀히 말하면 신뢰의 재중개화re-intermediation를 이끌 뿐이다.

2. 블록체인은 신뢰를 언번들링unbundling**1**한다. 블록체인은 그동안 신용기관이 담당했던 기능의 일부를 대체하고 경우에 따라서는 신용기관의 권한을 축소하려 한다.

3. 블록체인이 신뢰를 완전히 제거하지는 않는다. 다만 신뢰의 통제 주체를 이동, 분산한다.

4. 신뢰는 늘 필요하다. 블록체인이 등장하면서 신뢰를 판별하고 확인하는 방식이 달라진다. 신뢰를 얻는 자는 거래 당사자와의 관계를 얻는 것과 마찬가지고 이는 블록체인에 확신을 갖는다는 의미를 내포한다.

5. 블록체인은 신뢰를 탈중앙화하여 다수의 개체가 신뢰를 관장하도록 한다. 각 개체는 신뢰에 관한 권력을 악의적으로 사용할 우려가 없으며 함께 모였을 때 신뢰를 입증할 강력한 위력을 갖는다.

6. 블록체인은 기존 신뢰의 경제학economics of trust**2**의 근간을 붕괴시킨다. 이제는 신뢰를 판별하는 비용이 다수에게 분산되기 때문이다.

7. 중앙 기구로부터 보증된 신뢰는 우리와 거리를 두는 반면, 분산된 신뢰는 우리를 한데 모이게 한다.

---

1 어떤 대상을 다수의 작은 부분으로 해체한다는 뜻. 특히 모바일 기기, 인터넷 연결, 웹 기술, SNS, 정보 접근 등이 발달하여 종래의 교육, 방송, 신문, 게임, 쇼핑 등이 제공해온 서비스 일부를 싼값에 대량으로 제공함에 따라 기존 산업들이 해체되고 흔들리게 된 현상을 가리킨다. 이에 '해체'라는 표현 대신 원어를 음차했다.

2 화폐 경제가 발달하여 신뢰가 경제생활의 주를 이루는 오늘날의 경제 환경

추상적으로 들릴 수 있겠지만 블록체인은 신뢰 관련 서비스를 보다 쉽게 해결해주는 전화 교환원 같은 역할을 하겠다는 포부를 갖고 있다. 우리가 구글을 통해 정보 검색, 서비스 이용, 상품 구매 등을 자유롭게 하는 것처럼 이제는 어떤 사실, 데이터, 프로세스, 사건 등의 유효성을 확인하는 일이 쉬워질 것이다.

우리가 '신뢰 로직'[3]의 반복 수행을 완벽하게 구현함으로써 신뢰를 구글링 또는 다이얼링dialing하는 일도 가능해질 것이다.

우리는 이미 네트워크 로직을 완벽하게 구현해냈다. 컴퓨터에 인터넷을 연결하면 아무 문제 없이 작동한다. 와이파이가 지원되는 장소에서 컴퓨터는 와이파이를 자동으로 찾는다. 자동차는 블루투스를 통해 스마트폰과 연결된다. 이런 마법 같은 일들이 가능한 것은 네트워크를 연결하는 로직이 구현되어 사용자들이 이들을 편리하고 쉽게 연결할 수 있기 때문이다.

이제는 **신뢰 로직**을 구현하는 일이 남았다. 이를 위해서는 하드웨어 또는 소프트웨어 시스템 내부에 신뢰를 삽입embed해야 할 것이고 관련 상품과 서비스가 서로 쉽게 연결되도록 방안을 강구해야 할 것이다. 기술이 사람 대신 특정한 신뢰 업무를 도맡아 한다면 얼마나 '스마트한' 세상이 펼쳐질까? 한번 생각해보자.

투명성과 진실성은 신뢰의 기반 구성 요소다. 투명성은 '가시성'을 확인하고 진실성은 '입증 가능성'을 확인한다.

에어비앤비는 어떻게 낯선 이들을 대상으로 신뢰 체계를 구축했을까?

에어비앤비Airbnb가 블록체인 기반의 신뢰와 어떤 관련이 있는지 묻는 사

---

3   신뢰의 판별을 목적으로 구성한 논리의 흐름

람이 있을지 모른다. 둘의 관련성은 생각보다 **아주** 깊다.

별다른 걱정 없이 당신의 집에 낯선 사람을 들여 재우는 일을 가능토록 했다는 점에서 에어비앤비는 큰 시사점을 남겼다. 서로 모르는 두 사람을 연결해 거래를 성사시킨 일은 블록체인이 동등 계층에 있는 쌍방 혹은 그 이상의 대상자들을 서로 연결하는 일과 매우 흡사하다.

두 가지 상황 모두 체계를 갖춰 믿을 만한 거래가 이루어지도록 도와야 한다는 공통점이 있으며, 그 과정에서 신원 정보와 평판에 관련된 세부 정보가 공유된다. 에어비앤비의 경우 투숙객은 자신에 대한 많은 정보를 공개한다. 이 정보는 호스트(집 또는 방을 대여해주는 사람)가 투숙객을 믿고 방을 내줘도 되겠다는 확신을 갖는 데 핵심적인 역할을 한다. 블록체인에서도 신원 정보와 평판은 동등 계층 거래를 효과적으로 성사시키는 데 주요한 기초 요소로 작용한다.

에어비앤비의 공동 설립자 조 게비아Joe Gebbia는 "신뢰를 구축하기 위해서는 잘 설계된 평판 시스템과 적정량의 정보 공개가 반드시 필요하다는 것을 깨달았습니다"라고 언급했다.

에어비앤비가 사람 간의 신뢰 확보를 위해 시스템을 구축했다면 블록체인은 거래상의 신뢰를 확보하기 위해 등장했다. 블록체인에는 누구인지 수면 위로 드러나지는 않지만 대상자의 신원 정보와 평판 등의 인적 요소가 포함되어 있다.

에어비앤비의 경우에도 사용자들의 평판과 신원을 입증하는 자사 프로세스에 그 사용자들이 가지고 있는 블록체인에서의 평판과 신원 정보를 적용한다면 보다 보안을 강화시킬 수 있다. 다른 서비스와 결합성이 뛰어나고 하나의 완전한 대체제로서 기능하는 블록체인이 존재하는데 굳이 또 다른 무언가를 발명할 이유가 있을까?

증명 기반 신뢰 서비스의 영역

어떤 사건의 발생을 입증하는 일은 무거운 짐일 수 있다. 그런데 그것이 주특기인 기술이 있다. 바로 블록체인이다. 증명 방식의 종류에 따라 이를 피라미드 계층구조로 도식화할 수 있다. 피라미드의 하단에 위치한 **합의 내 증명**Proof-in-a-Consensus(PiaC)은 합의 프로토콜의 일부로서 작업 증명 또는 지분 증명을 예로 들 수 있다. 중간 층에 있는 **서비스로서의 증명** Proof-as-a-Service(PaaS)은 어떤 대상의 신원 혹은 소유권을 입증할 때 사용한다. 꼭대기에 있는 **서비스 내 증명**Proof-in-a-Service(PiaS)은 어떤 대상이 또 다른 서비스의 일부로서 속해 있음을 입증하기 위해 쓰인다. 토지등기 혹은 혼인신고 같은 경우가 그 예다.

증명 피라미드

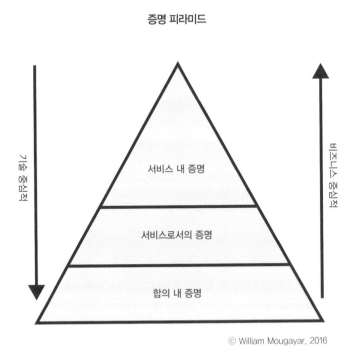

© William Mougayar, 2016

일상생활에서 접할 수 있는 각종 증명 서비스들을 아래 표와 같이 정리하였다. 특히 서비스 내 증명(PiaS)과 서비스로서의 증명(PaaS) 부문에서 앞으로 수많은 혁신이 이루어지기를 기대해본다.

서비스 내 증명(PiaS)	
혼인신고	장외 파생상품 거래
토지등기	회계감사
공급망 관리(SCM)	투표
자산 등록	명의 변경/ 양도

서비스로서의 증명(PaaS)	
자산 증명	소유권 증명
신원 증명	주소지 증명
진본 증명	출처 증명
고유성 증명	영수증 증명

합의 내 증명(PiaC)	
작업 증명	권한 증명
지분 증명	존재 증명

© William Mougayar, 2016

블록체인 시장 전망

블록체인 시장의 진화 양상을 가늠해보자. 1990년대 후반, 내가 인터넷을 대중에게 설명할 때 사용해서 널리 알려진 분할 기법을 다시 한번 차용하겠다

- 인프라와 프로토콜
- 미들웨어
- 실 수요자를 위한 애플리케이션

앞으로 전개될 내러티브는 다음과 같다. 먼저 역량 있는 인프라의 집합체가 밑바탕에 구축되어야 한다. 인터넷 시대에는 TCP/IP, HTTP, SMTP 등이 있었다. 블록체인 영역에서 말하자면 인프라 기능을 담당할 각종 블록체인 프로토콜이라 할 수 있다. 그다음 앞서 말한 인프라 환경을 기반으로 생성되거나 그것을 통해 전달되는 수많은 미들웨어 소프트웨어와 서비스가 필요하다. 미들웨어는 인프라의 기능 영역을 확장하고 애플리케이션 제작을 용이하게 도와준다. 마치 인프라와 애플리케이션 간의 틈을 메우는 접착제 같은 역할이다. 결과적으로 수천 개의 애플리케이션이 인프라, 미들웨어 소프트웨어/서비스를 기반으로 제작되고 번성할 것이다.

처음 두 개의 층의 발달이 안정적일수록 애플리케이션 개발은 쉬워진다. 여기에 발전이 거듭될수록 세 가지 층의 구성 요소들은 점점 명확한 순서의 구분 없이 모습을 드러낸다. 인프라 혹은 미들웨어 층이 완벽히 구성되지 않았음에도 불구하고 애플리케이션 제작을 시도하는 개발자들이 보이기도 한다. 이후 블록체인 시장의 전망 시나리오에서는 각 층에 속한 모든 것이 일종의 반복 진화를 거쳐 진보를 이루어나갈 것이다.

직접 편익과 간접 편익

그럼 블록체인이 우리에게 제공하는 편익은 무엇이고 주위의 어떤 문제들을 해결할 수 있을까?

사업가나 스타트업은 질문할 이유가 없다. 그들은 오리가 물을 찾아가듯 자연스레 이 신기술에 빠져들었기 때문이다. 그들은 이미 현존하는 비즈니스와 솔루션을 대체할 새로운 무언가를 만들 궁리에 여념이 없다.

위와 같은 질문을 던지는 건 바로 기업들이다. 블록체인이 그들에게 가져다 줄 편익이 명확하게 보이지 않기 때문이다. 대기업일수록 블록체인은 초기에 그들에게 골칫거리로 다가왔다. 그들의 계획에 없었던 일이 일어났으니 말이다.

블록체인이 가져다줄 편익에 의심을 품는 자는 미래가 고달플 것이다. 당신이 현재 상황에 만족한다면 일단 블록체인이 만들어낼 부가가치는 없다고 결론 낼 것이다. 물론 블록체인이 모든 것을 해결해줄 기술은 아니다. 하지만 당신의 분야와 관련이 있음에도 불구하고 블록체인을 무시했다면, 이후 블록체인 기반의 회사가 당신의 현 비즈니스에 타격을 입히는 모습을 본 후에야 비로소 자신의 착오를 깨닫게 될 것이다.

블록체인은 초기에 '포춘 쿠키의 법칙'에 시달렸을지도 모른다. 버나뎃 지와가 소개한 포춘 쿠키의 법칙은 다음과 같다.[4]

> 사람들이 포춘 쿠키를 구매하는 이유는 다른 쿠키보다 맛이 뛰어나서가 아니라 식사 끝에 작은 즐거움을 선사하기 때문이에요. 마케팅 직원들은 사람들이 더 즐거워할 행운의 메시지를 고민해야 할 시간에, 포춘 쿠키를 어떻게 해야 더 잘 팔지만 생각하고 있으니 답답한 노릇입니다. 물론 맛있는 쿠키를 만드는 것도 중요하지만 소비자에게 어떠한 스토리를 담아 전달할지에 대해서도 분명히 시간을 할애해야 합니다.

적어도 개발자들에게 블록체인은 중요한 의미를 갖는다. 그들은 블록체인이 내포하는 행운의 메시지를 쿠키를 먹기도 전에 찾은 격이다. 하지만 일반 대중과 기업에게는 비트코인, 블록체인, 암호화폐 등이 모두 매장에 진열된 쿠키로만 보일 뿐 그 이상의 의미가 부여되지는 않은 상태다.

엔지니어들이 기술적 결함만을 해결하려 할 때가 있다. 그러나 그

---

4 http://thestoryoftelling.com/fortune-cookie-principle/ (원주)

결함을 제거하는 것이 일반 사용자들의 고충을 해결하는지 먼저 생각해볼 필요가 있다. 그러지 않으면 이러한 질문을 받을 것이다. "당신이 해결했다는 문제가 뭐였죠? 내가 보기에 그 부분은 크게 문제가 되지 않거든요."

일반·사용자들은 단순하고 가시화된 편익이 제공되길 바랄 뿐이다. 그들은 누가 어떤 방식으로 신기술을 발명했거나 꿈꿨는지 관심을 두지 않는다. 비즈니스 이해 관계자들 역시 마찬가지다. 결함이 발생하면 돈이 많이 들기 때문에 소모되는 자금을 최소화하기 위한 해결책이 하루빨리 강구되는 것만을 바란다.

블록체인이 우리에게 제공하는 편익은 아래와 같이 여러 가지로 나열할 수 있다.

- **비용 절감**: 직접 또는 간접 비용이 줄어든다.
- **속도**: 작업 지연을 최소화한다.
- **투명성**: 정확한 정보를 올바른 사람에게 제공한다.
- **프라이버시 강화**: 더욱 세세한 제어를 통해 소비자 및 비즈니스를 보호한다.
- **리스크 절감**: 유해한 환경에의 노출, 각종 사기 행위, 위변조 가능성이 적어진다.
- **접근 권한**: 더 공정한 접근 권한이 주어진다.
- **생산성**: 시간당 처리 가능한 업무의 양이 커진다.
- **효율성**: 처리 및 보고의 속도가 빨라진다.
- **품질**: 오차는 적어지고 소비자의 만족도는 제고된다.
- **결과물**: 비즈니스상의 이익과 성장을 가져온다.

블록체인이 오로지 일의 프로세스를 개선할 목적으로 등장한 기술은 아니지만 사람들은 조만간 그와 같은 목적을 가지고 블록체인을 이용하기도 할 것이다. 기존 프로세스를 개선하는 것이 아예 새로운 프로세스를 창작하는 것보다는 쉽다고 생각하는 사고방식에서 일어나는 일이다. 주로 대규모 조직 및 기업에서 오랫동안 이어져온 일 처리 방식이다.

당신이 블록체인을 프로세스의 개선 목적으로만 사용한다면 1.5배 내지 2배 정도의 처리 능력 향상을 기대해볼 수 있다. 이 자체로도 꽤 훌륭한 성과다. 하지만 블록체인으로 10배의 향상을 이룰 수 있다면?

블록체인을 바라보는 스타트업과 대기업의 관점은 천지 차이다. 스타트업은 블록체인을 모든 문제를 해결하는 열쇠로 보는 반면 대기업은 블록체인을 현존하는 프로세스에 도전하는 귀찮은 존재로 인식한다.

블록체인 기본 기능 이해하기

스마트 자산

스마트 자산smart property은 블록체인을 운영하는 데 필수적인 요소다. 그 전신前身으로 '디지털 파일'과 '디지털 자산'이 있었다. 디지털 자산은 디지털화된 물건이나 대상에 구체적인 사용 권한을 부여한 것으로 통상 가치가 매겨져 있다. 디지털 자산 중 사용 권한이 따로 정해지지 않은 것은 디지털 파일이라 일컫는다. 디지털 자산의 종류에는 음원, 전자책e-book, 사진, 로고 등이 있다. 비트코인이 발명되기 이전에는 돈을 디지털 자산의 형태로 소유한다는 개념이 없었다 이중 지불 및 전송의 문제가 해결되지 않아 언제든 사기 행각이 벌어질 소지가 있었기 때문이다. 스마트폰으로 누군가에게 사진을 전송할 때 원본이 삭제되지 않고 사진을 보낸 측과 받은 측이 모두 그 사진을 소유하는 상황으로 이해하면 쉽다. 이런 상황이 실자산과 권리가 거래되는 금융시장에서는 허용될 리 만무하다.

스마트 자산은 디지털 자산의 개념을 한 단계 심화시켰다. 블록체인을 자산에 결합하여 이중 지불, 이중 소유, 이중 전송의 가능성을 완전히 배제시켰다. 만약 당신이 디지털 자산을 창작하는 사람이거나 소유하고 있다면 앞으로는 그 자산에 대한 소유권과 여타의 권리까지 보유할 수 있는 장치가 마련되어 본인의 결정 없이는 권한 이양이 불가능해진다. 본인만이 이와 관련한 모든 것을 통제할 수 있다.

즉 당신이 창작 혹은 소유하고 있는 스마트 자산은 그 소유주를 분별할 수 있다. 스마트 자산은 비단 디지털화된 대상만 일컫지 않는다. 여기에는 블록체인과 내외부적으로 결합하여 '스마트'하게 재탄생한 실체가 존재하는 물건들도 포함된다. 자물쇠, 자동차, 냉장고 심지어 당신이 거주하는 집까지 모두 대상이다. 블록체인은 감사audit 가능한 데이터베이스로서 암호화된 당신의 서명에 연결되어 있으며 당신의 스마트 자산은 그 콘텐츠가 고스란히 담긴 자신만의 디지털 지문[5]을 갖게 된다.

이제 스마트 자산의 역량에 수반되어 컴퓨터상의 이식성, 유연성, 발견 용이성이 얼마나 개선될지 상상해보라. 이것은 탈중앙화된 P2P 거래, 금융거래 등 상업 전반에 걸쳐 일어나는 마찰을 최소화하는[6] 윤활제 역할을 톡톡히 할 것이다. 스마트 자산은 블록체인이라는 이름의 열차가 딛고 달리는 철로를 구축하는 데 필요한 새로운 형식의 디지털 비트라고 할 수 있다.

타임스탬핑

타임스탬핑은 특정 행위가 발생한 시각을 블록체인에 영구적으로 기록하

---

5 일종의 전자 개인 정보로서 감사는 가능하나 그 자산이 자신 것이라는 것은 자신만 알 수 있다는 것이 강점이다.

6 신뢰 보장을 사람이 아닌 시스템상에서 처리하므로 마찰이 적다는 의미다.

는 기본 기능 중 하나다. 소유권 이전이 발생하거나 건강검진을 받은 경우 또는 구체적인 거래 행위가 있었을 때 이를 기록하는 일이다. 이 기능은 차후 사건이 실제 발생했음을 입증 또는 검증할 때 유용하다. 타임스탬핑을 통해 블록체인에 한번 기록된 일은 위변조가 불가능하므로 진위 여부를 가릴 때 도움이 된다.

다중 서명 거래

다중 서명multisignature을 줄여서 멀티시그multisig라고 부른다. 이것은 거래 진행 또는 승인을 위해 두 개 이상의 서명이 필요한 경우의 절차다. 현재 우리가 서면으로 협정을 맺을 때 여러 이해 관계자의 서명을 득함으로써 이를 발효하는 것과 같은 맥락이다. 다만 블록체인에서는 이 과정이 더 신속하고 자동적으로 이루어질 수 있다. 다중 서명 거래 방식은 여러 서명 사이에 비즈니스 로직을 삽입하여 거래 속에서 에스크로 서비스[7]를 창출한다는 점에서 강력한 힘을 발휘한다.

스마트 계약

스마트 계약은 블록체인 기술을 떠받치는 초석 같은 기능이다. 스마트 계약이 생소하다면 블록체인이 가진 진짜 위력을 헤아리지 못한 셈이다. 스마트 계약은 정보가 웹에서 공개적으로 발행되고 연계되도록 가능케 한 HTML의 발명만큼이나 위대한 혁신이다. 스마트 계약은 블록체인으로 세상을 프로그램화하여, 이제껏 일 처리는 더디면서도 비싼 수수료를 요구해온 구식 중개자들의 일부 기능을 대체할 것이다.

---

7 구매자의 결제 대금을 제3자에게 예치하고 있다가 거래가 정상적으로 완료된 후 대금을 판매자에게 지급하는 거래 안전장치. 현재는 특정 조건을 충족하는 법인이 에스크로 사업자 역할을 하나, 블록체인상에서는 에스크로 기능이 손쉽게 구현된다.

스마트 계약의 콘셉트는 1994년 닉 서보에 의해 처음 소개되었다.[8] 그러나 당시 대중은 무관심했고 스마트 계약을 실행할 만한 플랫폼이 존재하지 않았던 탓에 관련 연구 활동이 진행되지 않다가 결국 2009년에 비트코인 기술이 출현하고 나서야 스마트 계약이 세상의 빛을 보게 되었다. 2015년부터는 사람들이 본격적으로 이를 주목하기 시작했는데 특히 이더리움이 스마트 계약 프로그래밍을 블록체인의 원동력으로 내세운 것이 대중화의 계기가 되었다.

새로운 유행어는 으레 유행을 탈수록 더 널리 더 많이 쓰이면서 다른 한편으로는 오남용되기도 한다. 쓰는 사람에 따라 여러 의미로 받아들여지는 일이 생긴다. 아래에 스마트 계약에 관한 몇 가지 사실을 정리했다.

1. **스마트 계약은 일반 계약과 차이가 있다.** 닉 서보의 초기 콘셉트에 따르면 스마트 계약은 세상에 실제 존재하는 가치가 매겨진 자산을 디지털이라는 수단을 이용하여 통제하기 때문에 계약 위반의 대가로 치러야 하는 비용을 크게 증대시킨다. 그래서 스마트 계약은 특정 약정 사항을 준수토록 강제하고 이미 정해진 조건이 제대로 지켜졌는지 여부를 확인해준다. 계약 위반에 대한 조치는 생각보다 엄중하다. 가령 어떤 사람이 자동차를 구입하고 약정한 시간까지 대금을 지불하지 않으면 지불이 완료되기 전까지 그 차는 디지털 방식으로 잠겨 쓸 수 없게 된다.

2. **스마트 계약은 리카도 계약**Ricardian contract**과도 구분된다.** 이언 그리그Ian Grigg가 대중화한 리카도 계약[9]은 계약 쌍방의 계약서에 담긴 법적 약관

---

8 http://szabo.best.vwh.net/smart_contracts_idea.html (원주)
   2017년 4월 현재 접속이 불가능하다. 인터넷 아카이브에 마지막으로 기록된 날짜는 2016년 8월 31일이며 다음 주소에서 볼 수 있다. http://bit.ly/2hyDf7A

9 http://iang.org/papers/ricardian_contract.html (원주)

을 추적할 수 있는 의미론적 표현법이다. 이 기능은 스마트 계약과 무관하게 블록체인에서도 구현이 가능하다. 통상 리카도 계약을 수행할 때는 다중 서명이 사용된다.

3. **스마트 계약이 법은 아니다.** 스마트 계약은 기본적으로 컴퓨터 프로그램으로서 어떤 것을 용이하게 해주는 기술이다. 단, 그 동작의 결과가 제한적으로 법적 구속력을 가질 때도 있다. 스마트 계약이 지분 소유권을 갑에게서 을로 이전시키는 경우가 그 예다. 2016년부터 일각에서는 스마트 계약이 완전한 법적 구속력을 얻도록 하는 방안을 추진 중이다. 이것이 실현된다면 스마트 계약은 감사 증거 자료audit trail로서 법적 약관의 준수 여부를 입증하는 자료가 될 것이다.

4. **스마트 계약은 인공지능을 포함하지는 않는다.** 스마트 계약은 블록체인을 작동시키는 비즈니스 로직을 표현한 소프트웨어 코드이며, 외부의 데이터가 또 다른 데이터에 대한 수정 혹은 변경을 하도록 요구했을 때 실행된다. 인공지능이라기보다는 특정 이벤트가 발생했을 때 동작하는 구조에 가깝다.

5. **스마트 계약은 블록체인 애플리케이션의 동의어가 아니다.** 스마트 계약은 보통 탈중앙화된 (블록체인) 애플리케이션의 일부분이다. 하나의 애플리케이션에 여러 개의 계약이 존재할 수 있다. 예를 들어 스마트 계약상의 특정 조건이 만족되면 그 프로그램은 데이터베이스의 업데이트가 허용된다.

6. **스마트 계약은 프로그램화하기 상당히 쉽다.** 간단한 계약서 한 장을 완성할 때 스마트 계약 자체 언어(예를 들어 이더리움의 솔리디티Solidity)를 사용하면 단 몇 줄의 코드로 복잡한 프로세스를 만들 수 있다. 그러나 스마트 계약의 고급 기능을 구현하기 위해서는 '오러클'을 사용해야 한다. 오러클은 실행 가능한 정보actionable information를 스마트 계약에 전송하는

데이터 제공자data source이다.

7. **스마트 계약은 개발자만을 위한 것이 아니다.** 스마트 계약의 차세대 버전은 웹 브라우저와 같이 사용자들이 더 이용하기 편리한 환경을 갖출 것이다. 이로써 모든 이용자들이 그래픽 사용자 인터페이스나 텍스트 기반의 언어 입력 방식을 통해 이용 목적에 알맞은 스마트 계약을 구성할 수 있을 것이다.

8. **스마트 계약은 안전하다.** 이더리움으로 구현한 형태에서도 스마트 계약은 튜링 완전 프로그램에 준하여quasi-Turing complete 실행된다. 이는 실행에 완료 시점이 있어 무한 루프의 위험에 빠질 염려가 없다는 뜻이다.

9. **스마트 계약이 지원하는 애플리케이션의 범위는 무궁무진하다.** HTML과 마찬가지로 애플리케이션 개발자 측의 한계만 있을 뿐이다. 스마트 계약은 실존하는 자산, 스마트 자산, 사물 인터넷(IoT), 금융상품 관련 서비스와 잘 어울린다. 또한 자금을 이농하는 일뿐만 아니라 시간의 흐름에 따라 상태가 변화하고 가치가 책정되기도 하는 거의 모든 것에 적용할 수 있다.

곧 스마트 계약 전문 개발자에 대한 수요가 늘 것이다. 스마트 계약을 이해하면 아무 배경지식 없이 블록체인 세계에 뛰어드는 것보다 심적 부담이 훨씬 경감된다. 스마트 계약용 언어는 대다수가 C++, 자바, 파이썬 등 가장 대중화된 3대 소프트웨어 언어에서 파생되었기에 학습하기에도 용이하다.

스마트 계약은 아직까지 블록체인 기술 아키텍처 분야에서 주목받지 못하고 있으나 향후 블록체인에 분명히 큰 힘을 실어줄 것이다.

신뢰가 블록체인의 원자原子에 해당한다면 스마트 계약은 다양한 종류의 신뢰를 프로그램화해서 각 애플리케이션으로 구성하는 존재다. 우리 세상을 논리 표현logical representation[10]으로 구현한 수많은 스마트 계약이 블록체인을 가득 메워 훌륭하게 진화하는 모습을 볼 날을 기대해본다.

스마트 오러클

오러클oracle 또한 스마트 계약과 연관된 꽤나 흥미로운 콘셉트이다. 이것은 스마트 계약이 자체적으로 실행 중인 어떤 동작에 변화를 줄 때 사용할 수 있는 체인 외부의off-chain 데이터 제공자라고 볼 수 있다. 스마트 오러클은 신원, 주소지, 증명서와 같이 실생활에서 표출되는 정보를 포함하고, 스마트 계약이 특정 방식으로 동작하도록 지시하는 일종의 에이전트 같은 속성도 지닌다.

　스마트 계약과 스마트 오러클은 각각 블록체인의 안팎에 존재하며 조화를 이룬다. 예를 들어 고객알기제도Know Your Customer(KYC)[11]를 다루는 스마트 계약이 있다면 신원 정보를 가진 스마트 오러클과 결합할 수 있다. 또 다른 예로 경찰이 운전자의 면허증을 확인할 경우 관할 차량 등록국 데이터베이스 대신 블록체인에서 해당 면허의 유효성, 만료일 등 운전자에 관련된 최신 정보를 얻을 수 있다. 차량 등록국 입장에서 생각해보면 값비싼 중앙 데이터베이스를 유지하느니 차라리 그들 자신이 스마트 오러클이 되어 현존하는 데이터를 블록체인에 업로드하는 편이 더 낫다. 그 데이터는 암호화되어 올바른 권한을 지닌 이용자만 접근 가능하다. 일 처리의 효율성은 증가하고 유지 보수 비용은 줄어들 것이다.[12]

---

10 논리 수식의 집합으로 이루어진 지식의 표현 또는 어떤 상태를 나타내는 방법

11 요주의 인물 필터링, 고객 확인 의무, 위험 평가 등을 실시하여 고객에 대해 전반적인 주의를 기울이려는 제도

12 http://fintechnews.ch/blockchain_bitcoin/digital-identity-on-blockchain-alex-batlins-prediction/803/ (원주)

신뢰가 보장된 블록체인에서 가능해지는 것들

블록체인이 주로 관장하는 영역들을 쉽게 암기하는 방법을 하나 소개하 겠다. 각 여섯 영역의 첫 철자를 따서 완성한 ATOMIC이라는 단어만 기 억하면 된다.

Assets(자산), Trust(신뢰), Ownership(소유권), Money(화폐),
Identity(신원), Contracts(계약)

즉 블록체인은 다음을 가능케 한다.

- 프로그래밍 가능한 **자산**
- 프로그래밍 가능한 **신뢰**
- 프로그래밍 가능한 **소유권**
- 프로그래밍 가능한 **화폐**
- 프로그래밍 가능한 **신원**
- 프로그래밍 가능한 **계약**

이 여섯 가지는 블록체인을 어떤 환경에서 적용할 수 있는지 이해하는 데 큰 도움을 준다.

그중 몇 가지를 좀 더 자세히 알아보자.

디지털 자산의 생성 및 실시간 이동 실현

디지털 자산은 중개자의 승인 절차로 인한 업무 처리의 지연 없이 블록 체인 네트워크에서 온전히 생성, 관리, 전달된다. 그 어떤 사람 혹은 중 앙 데이터베이스의 개입 없이 검증을 실시한다는 사실이 이 기술의 근본적인 혁신이다.

거래 및 교류 속에 신뢰 규칙 삽입

거래 속에 신뢰 입증에 필요한 규칙을 삽입함으로써[13] 기존과 같이 데이터베이스 혹은 중앙 기구의 간섭 없이도 네트워크에서의 로직을 통해 거래를 입증할 새로운 방법이 생긴다. 따라서 거래 자체에서 '신뢰 요인'이 형성된다.

각종 권한을 입증하는 타임스탬핑

블록체인은 타임스탬핑으로 기록된 반박할 수 없는 암호학적 증거를 가지고 소유권 등의 각종 권한을 입증해준다. 이렇게 구현된 매끄러운 입증 처리 능력을 등에 업은 다양한 애플리케이션 또한 앞으로 생겨날 것이다.

자체 실행되는 비즈니스 로직

블록체인은 자체적으로 입증 기능을 가지고 있고 각 거래 안에 신뢰 요인이 작용하기 때문에 자동 거래를 수행하는 것과 다를 바 없다. 여기에는 자산의 청산과 결산의 기능이 결합되어 있다.

선택적 투명성과 프라이버시

이 기능은 암호학 기술로 구현 가능하다. 이것으로 말미암아 탈중앙형 데이터의 프라이버시 및 보안 정도가 세분화될 것이다. 정도에 따라서 신원 정보의 소유주가 누구인지 전혀 노출되지 않은 채 거래가 입증될 수도 있

---

13 블록체인에서 전달되는 거래 자체가 거래를 발생시킬 자격을 증명할 수 있는 정보(거래 자산 소유자의 디지털 서명)를 포함한다.

다. 기업이 얼마나 윤리적인가 가늠하는 데 사용되는 척도 중 하나가 투명성이기 때문에 투명성이 확보되지 않는 경우 주변의 저항을 모면하기 어려울 것이다. 투명성과 신뢰도는 비례한다.

단일 장애점 또는 검열에 대한 저항력

블록체인은 여러 대의 탈중앙형 컴퓨터 및 리소스로 이루어져 있기 때문에 단일 장애점single point of failure이 없다. 즉 네트워크이므로 중앙 통제 형태의 인프라보다 회복 탄력성이 뛰어나다. 또한 블록체인은 네트워크 사방에 있는 데이터 저장소, 암호화, 동등 계층 간 제어가 탈중앙의 형태를 띄기 때문에 대개 검열 저항적이기도 하다.

신원 정보의 소유권 및 표출

익명의 정보든 공개된 정보든 모든 신원은 유일무이한 형태로 블록체인에 존재한다. 이로써 우리는 구글이나 페이스북이 통제하지 못하는 고유한 신원 정보를 갖게 된다.

소유주가 온전히 자신의 신원을 통제할 수 있도록 하는 것이 블록체인 기반의 신원 정보가 가진 비전이다.

이 비전이 실현되면 인터넷 사용자들이 기존에 개인 정보를 열람하거나 서비스에 접근하고 자산을 거래하기 위해 거쳐야 했던 복잡한 과정 없이 이를 단숨에 해결할 수 있는 길이 열린다.

가장 단순하게 설명하자면 블록체인은 당신의 신원을 유일무이한 방법으로 인증할 수 있다. 그 방법은 아무도 반박할 수 없는 무결점의 인증 방식이다. 인증의 용도로 사용하는 '키' 자체가 당신의 신원 정보이기 때문이다. 이에 반해, 당신이 사용하는 서비스를 접근할 때마다 다른 키를 써야 한다면? 예를 들어 당신의 집에 들어갈 때 들어가는 시간과 경로에 따라 달리 사용해야 하는 키가 다섯 가지나 있다고 상상해보라. 혹은 당신이 소유한 다섯 채의 집이 지구 상의 모두 다른 위치에 있다고 가정해보자. 분명 각각 다른 키를 마련해야 할 것이다. 물론 가능한 일이나 여러 개의 키를 관리하는 일은 보통 귀찮은 일이 아닐 것이다.

이제 온라인을 살펴보자. 우리는 이미 접속하는 사이트마다 설정한 여러 개의 패스워드를 힘겹게 기억하거나, 따로 메모해놓은 종이 쪽지를 잃어버리지 않기 위해 전전긍긍한다. 그리고 늘 해킹을 당할 걱정을 안고 살아간다. 나는 블록체인 기반의 신원 확인 및 접근법이 지금보다 훨씬 나은 해결책을 마련해주리라 기대한다.

왜 우리의 온라인 신원과 오프라인 신원은 따로 존재할까? 온라인과 오프라인 구분 없이 어느 곳에서나 통용되는 유일한 신원이 존재하는 이상적인 세상을 바랄 수는 없을까? 우리는 왜 눈에 보이는 운전면허증만 확실하다고 여기고, 공항 보안 검색대를 통과하거나 은행에서 업무를 볼 때 페이스북 같은 곳에서 노출된 신원 정보를 입증의 수단으로 사용하지 못할까? 물론 최근 새로 발급되는 여권은 공항의 키오스크 기기로 읽을 수 있고, 망막 스캔 등의 본인 인증이 온라인과 오프라인의 경계를 허무는 사례로 소개되곤 하지만 말이다.

블록체인 세상에는 신원 인증 및 개인 보안 문제를 해결할 다양한 접근 방법이 모색되고 있다. 여기에는 데이터와 각종 서비스에 접근하는 방법이 포함되며, 성격에 따라 하드웨어, 소프트웨어 또는 B2B 측면에서 통합된 해결책이 요구된다.

- **하드웨어**: 여권을 제시하여 여행 자격을 확인하고 정부가 발급한 운전면허증을 가지고 자동차를 운전할 자격이 인정되는 경우를 예로 들 수 있다. 블록체인에서는 여기에 생체 관련 데이터를 추가하여 신원 인증을 하도록 한

다. 쇼카드^{Shocard}가 대표적인 사례이다.

- **소프트웨어**: 현재 페이스북, 트위터, 구글 등 웹사이트에 로그인하기 위해 거치는 인증 획득 방식의 신원 확인법을 예로 들 수 있다. 블록체인이 제시하는 해결책을 통해 역할이 뒤바뀐다. 먼저 당신의 신원을 블록체인에 등록하고 난 뒤 소셜 계정 링크로 연결한다. 넷키^{Netki}, 원네임^{OneName}, 비트아이디^{BitID}, 아이덴티파이^{Identify} 등이 그 예이다.
- **통합 우선**: 하드웨어와 소프트웨어에서의 개선 방식이 대개 사용자로부터 출발한다면, 이 영역에서는 현존하는 비즈니스 솔루션과 통합하기 위해 요구되는 조건들을 찾는 것이 우선이다. 케임브리지 블록체인$^{Cambridge Block-chain}$, 트루노미^{Trunomi}, 유포트^{uPort}, 트레이들^{Tradle}, 리플 KYC 게이트웨이$^{Ripple KYC Gateway}$ 등의 사례가 있다.

블록체인 신원 확인 방법들은 가능성도 많은 반면 불확실성도 가지고 있다. 사용자 입장에서 페이스북, 구글, 트위터 같은 사이트 대신 먼저 자체적인 신원 등록을 하게 할 획기적인 유인책이 있을까? 또는 이미 견고하게 자리 잡은 SWIFT의 멀티뱅크, 멀티네트워크 개인 신원 확인 솔루션, 마킷^{Markit}의 KYC 등을 블록체인이 비즈니스 관점에서 온전히 대체할 수 있을까?

사람들이 블록체인 기반의 해결책에 거는 기대는 꽤 크다. 간단명료해야 할 뿐 아니라 아주 많은 사용자가 사용하기에도 손색이 없어야 한다. 헤아릴 수 없이 많은 구글, 페이스북, 트위터 사용자는 물론, 앞서 언급된 SWIFT나 마킷의 솔루션을 사용 중인 많은 금융기관까지 포섭해야 하기 때문이다.

물론 블록체인에서 자체적인 해결책이 도출될 수 있다. 언제까지 암호화폐 교환을 원할 때마다 KYC 절차를 반복해서 거쳐야 할까? 여권,

운전면허증으로 신원을 확인하는 물리적 세계에서 범한 오류를 번복하지 말자.

여기서 블록체인이 제공하는 해결책을 실천하고 그것을 진화시키려 할 때 제기되는 몇 가지 문제와 질문을 짚고 넘어가자.

소비자가 제기할 수 있는 질문

어떤 종류의 애플리케이션들이 이 새로운 신원 표출을 구현할 것인가? 페이스북과 구글이 지배하는 세계에서는 그들이 마련해놓은 특정 애플리케이션(예를 들어 소셜 미디어나 문서 열람)의 사용이 강제된다. 그러나 블록체인에서는 대부분의 신원 확인 솔루션 제공자들이 사용자를 애플리케이션에 몰아넣기 이전에 솔루션에 먼저 당도토록 하는 데 분주하다.

- 페이스북이나 구글을 이용해 신원을 확인하고 정보 접근 권한을 받는 현 시점의 표준 방식을 온라인에서 자체적으로 구동하는 개인 신분 확인 과정으로 대체할 수 있는가?
- 이전보다 강화된 보안 규정이나 접근 가능 단계의 복잡성을 사용자들이 기꺼이 감당하려 할까?
- 신원 확인의 영역에서 '이식성'[14]이란 정확히 무엇을 뜻하는가?
- 영지식 기술이 거래와 개인 프라이버시의 보장을 위해 어떤 역할을 하는가?
- 스마트폰은 어떤 역할을 하는가? 이미 스마트폰은 디지털 지갑 역할을 하고 있는데 앞으로 '디지털 여권'이 될 가능성도 있지 않을까?

---

14 원시 프로그램을 다른 기종으로 옮기는 것이 얼마나 용이한가를 나타내는 정도를 말한다.

비즈니스에서 고려할 점

만일 보안카드나 개인 키를 잃어버렸다면 어떤 일이 발생할까? 평범한 사용자가 본인 집에 있는 자산을 보호하듯 자신의 개인 정보에 대한 접근권을 본인이 알아서 관리해도 될 만큼 안전한 시스템이 확보될까?

• 이런 신원 확인 시스템에 인증 도장을 찍어줄 새로운 형태의 인증 기관들이 필요하지는 않을까?
• 정보 접근권을 더 세밀하게 설정해서 동등 계층 간의 보안 규정이 방화벽을 기반으로 한 솔루션을 대체토록 할 수는 없는가?
• 현존하는 고객알기제도(KYC) 관행과는 어떤 관계인가? 또한 새로운 신원 인증 솔루션들이 자금세탁방지Anti-Money Laundering(AML)[15] 시스템과 테러 방지 목적의 활동을 활성화하는 데 안전을 더욱 보장할 것인가?
• 여기에 기존보다 많은 수의 개인용 혹은 상업용 애플리케이션이 만들어질까?
• 이런 솔루션이 온전히 전개되기 위해 넘어야 할 법적 혹은 규제적 난관에는 무엇이 있나?

윤리적 질문

기술이 도입되고 수용되기 위해서는 사람들이 기존에 가지고 있는 습관을 무너뜨릴 수 있어야 한다. 블록체인도 예외는 아니다. 디지털 방식의 신원 인증이 도입되어 오히려 오남용이 생길지 아니면 알력을 줄이고 전체적인 사용자 참여를 북돋을 것인지는 아직 알 수 없기 때문이다.

---

15 불법 자금 세탁 규제 목적의 법적 장치로서 사법제도, 금융 제도, 국제 협력이 연계된 종합적 관리 시스템

- 데이터와 신원 정보를 분리하는 것이 이로운가? 다수의 허위 신분이 만들어지지는 않을까?
- 거래 내역이나 평판이 행사하는 영향력은? 신뢰도 평가 대신 온라인상의 평판을 평가하는 날이 올까?
- 익명성이 반드시 좋을까? 익명성을 틈타 악행을 저지르는 사람이 있지 않을까?
- 금융 포용성financial inclusion을 촉진하는 시장 개방일까, 아니면 기술 수용 장벽만 높아질까?

탈중앙형 데이터 보안

블록체인은 데이터, 신원 정보, 거래 기반의 프라이버시와 보안 삼박자를 고루 갖춰야 하는 딜레마적 상황에 대해 몇 가지 해결 방안을 제시한다.

우리는 타깃Target, 소니, 블루 크로스, 애슐리 매디슨, 터키 정부 등 대규모의 중앙집중형 기관들이 보안과 프라이버시를 침해한 사례를 목격했다. 이로써 웹이나 대규모의 데이터베이스가 정말 안전한지 확신할 수 없는 상황에 이르렀다. 고객과 시민의 개인 정보 및 그들의 거래 기록 등의 프라이버시가 보장되지 않는 환경에서 애플리케이션상의 정보와 온라인 신원의 보안 수준은 격하된다.

블록체인과 그것을 기반으로 한 탈중앙형 애플리케이션을 살펴보자. 이들은 암호화를 통해 보안이 철저하게 이루어지기 때문에 데이터 보안 유지의 해결책이 될 수 있다. 기본적으로 모든 것이 암호화되어 있다. 정보가 탈중앙형 구조로 분산되어 있어 각 사용자는 개인화된 데이터를 소유할 수 있고 중앙 정보 저장소는 데이터 소실이나 각종 범죄에 연루될 가능성이 적어진다. 중앙 정보 저장소는 오로지 분산된 다수의 컴퓨터 네트워크에 퍼져 있는 분산 저장소를 가리키는 코드화된 포인터와 암호화된 정보만 가지고 있기 때문이다. 따라서 해킹이 되더라도 노출된 부분적인 정보로는 절대 데이터를 복구할 수 없다. 적어도 비전은 그렇다. 이 비전을 달성하기 위해 현재 많은 사람이 노력하고 있다.

탈중앙형 기술 세계에서는 보안, 프라이버시, 데이터 소유권에 관련된 요구 조건들을 설계 단계부터 고려한다. 이 조건들이 최우선순위에 놓인다.

블록체인도 완벽하지는 않다. 태생적 구조로 인해 다음 세 가지 영역에서 보안 이슈가 존재한다.

1. 블록체인상의 합의 엔진
2. 컴퓨팅 아키텍처의 탈중앙화
3. 동등 계층 클라이언트

공개 블록체인에서는 합의가 공개적으로 이루어진다. 이 때문에 이론적으로는 악명 높은 시빌 공격Sybil attack[16]을 당할 가능성이 있다(단 아직까지 발생한 내역은 없다). 탈중앙형 컴퓨팅 아키텍처에서의 개발은 기존에 웹 아키텍처에서 애플리케이션을 개발하던 것과는 다른 마인드를 필요로 한다. 개인 컴퓨터나 스마트폰에 애플리케이션을 다운로드하여 설치하고 그것이 인터넷을 통해 입력 데이터를 읽어 들일 때 애플리케이션이 세밀하게 잘 구현되어 있지 않으면 잠재적인 보안 위험에 노출되기 때문이다.

사물 인터넷 기기 또한 보안을 침해당할 가능성이 있다는 것을 잊지 말아야 한다. 잠재적인 취약성이 중앙에만 머물다가 이제는 온 가장자리로 퍼져나가기 때문에 컴퓨팅 자원이 존재하는 어느 곳에나 위험이 도사

---

16 한 공격자가 여러 개의 식별자로 시스템 또는 네트워크를 공격하는 방법

리고 있다.

이 책에서 세부적으로 다루지는 않겠지만 다행히 비공개 블록체인, 영지식 증명, 링 서명 등과 같은 몇 가지 해결책이 논의되고 있다.

신규 출시되는 플랫폼 중에서는 탈중앙형의 보안, 데이터, 애플리케이션을 기본 요소로 제공하는 것들이 있기 때문에 개발자 또는 일반 사용자가 그것을 어떻게 해결해야 할지 크게 고민할 필요가 없다는 점도 희망적이다.

당신이 개발자라면 다음의 사항을 염두에 두자.

1. 애플리케이션 작성 시 내부 데이터 보안에 주의한다.
2. 데이터 보호를 위해 사용자 데이터를 탈중앙화한다.
3. 블록체인과 탈중앙형 기술을 습득한다.
4. 서버가 없는 경량 클라우드 아키텍처에서 스마트 계약을 작성한다.
5. 고객의 신원 소유권에 대해 다시 생각해본다.

재차 강조하지만 보안과 프라이버시는 설계 단계부터 고려되어야 한다. 추후에 생각할 문제가 아니다.

익명성과 추적 불가한 통신

블록체인은 사용자에게 익명성에 대한 선택권을 부여하다. 이 기능은 특히 소비자를 대상으로 만들어진 애플리케이션의 경우 규제 기관과 금융 관련 보고 기관의 골칫거리다. 허위로 만든 익명 신원을 이용한 각종 자금 세탁, 부정 거래, 테러 행위 등이 발생할 수 있기 때문이다. 이는 단연코 공개 블록체인 또는 그것을 구동하는 탈중앙형 애플리케이션의 설계 의도가 아니다. 일반인에게는 그런 범죄 행위가 미연에 방지하지 못한 특수한 사례로 이해될 수 있어도, 정책 입안자나 정부 기관의 입장에서는 용인할 수 없는 심각한 버그이다.

추적 불가한 통신이 범죄자와 부정 행위자를 본의 아니게 숨겨주는 역할을 할 수 있지만, 그럼에도 이것이 우리 사회에 꼭 필요한 타당한 이유들이 있다.

디지털 화폐와 프라이버시 기술을 창안한 데이비드 촘David Chaum은 다음과 같이 말했다.

> 추적 불가한 통신은 탐구의 자유와 표현의 자유가 실현되기 위한 토대이다. 동등 계층 간의 통신을 포함한 채팅, 사진/동영상 공유, 피드 구독, 검색, 포스팅, 대금 결제 등 총괄적인 온라인 프라이버시 영역에서도 그 중요성이 늘고 있다. 이런 요구에 부응하기 위해서는 다양한 종류의 익명 인증 시스템이 마련되어야 한다.

1994년 케빈 켈리는 『통제 불능』(김영사, 2015)에서 다음과 같이 기술했다.

> 훌륭한 사회에는 단순한 익명성 보장 그 이상이 필요하다. 온라인 문명사회는 온라인 익명성, 온라인 신원 확인, 온라인 인증, 온라인 평판, 온라인 신뢰 소유자, 온라인 서명, 온라인 프라이버시, 온라인 접근권이 필요하다. 이것은 개방된 사회의 필수적인 조건이다.

안타깝지만 2016년 현재까지도 우리는 훌륭한 온라인 개방 사회를 실현하지 못했다. 탈중앙 형태로 제공될 수 있는 서비스를 장악하여 중앙화하고 통제권을 앗아간 절대 다수의 웹 기반 기업들 때문에 갈 길이 아직 멀다. 블록체인이 이 상황을 해결하는 데 도움이 될 것이라 생각한다. 아직 희망이 있다. 익명성과 신뢰 가능성의 각 요구 조건의 상충되는 면을 조화롭게 이끌어 네트워크에서 악을 행하는 자들을 없애고 다수의 '올바른' 사용자들을 위한 정상적인 운영 상태를 지속시킬 희망이 있다.[17]

블록체인의 클라우드 역할

블록체인을 전기, 수도를 제공하는 공익사업처럼 공유된 인프라로 생각해볼 수도 있다. 우리는 현재 인터넷 인프라를 사용하면서 매달 일정 요금을 지불하고 있다. 마찬가지로 앞으로 공개 블록체인이 널리 확산되어 수많은 스마트 계약이 제작되고 검증 서비스가 상용화되면 그 기능의 사용 대가로 일정 요금을 내야 할 것이다. 일반 거래 수수료, 스마트 계약 사용료, 기부금, 회당 사용료 등의 이름으로 발생하는 수수료는 마이크로 거래[18]를 통해 결제될 것이다.

블록체인은 분산된 클라우드 속에 존재하는 가상의 컴퓨터와 같으며 별도로 서버를 세팅할 필요가 없다. 이것은 특정 사용자나 개발자가 아닌, 블록체인 노드를 개설하는 자가 곧 서버를 구동하는 형태다.

한마디로 블록체인은 컴퓨팅 기계의 통신망 환경 인프라이다. 이렇게 보면 신규 인프라에서 컴퓨터 프로그램들이 어떻게 구동될 것인지 쉽게 가늠할 수 있다.

단, 클라우드 컴퓨팅과 동일시해서는 안 된다. 블록체인 인프라가 클라우드 컴퓨팅을 대체할 수는 없기 때문이다. 블록체인 인프라는 클

---

17 http://www.securityweek.com/privategrity-david-chaums-anonymous-communications-project (원주)

18 아주 작은 단위의 거래가 빈번하게 발생하는 블록체인의 특성에 기인하여 일정 기간 단위로 발생하는 기존의 수수료 개념과 차별화하기 위해 '마이크로' 거래로 표현한다.

라우드 컴퓨팅을 언번들링하여 그 일부를 집중된 권력으로부터 민주화 시킨다.

우리가 시중에서 사용되는 아마존 웹 서비스Amazon Web Services나 디지 털오션DigitalOcean의 기능 자체만을 블록체인과 비교하는 경우, 블록체인 기반의 가상 기기를 사용하면 비용이 훨씬 많이 들 수 있다.[19] 그러나 블록체인의 가상 기기 혹은 탈중앙형 애플리케이션(디앱Dapp)에서 로직을 실행하는 스마트 계약을 사용할 때에는 확실히 유용할 것이다. 미래에는 블록체인을 구동하는 데 일의 처리가 너무 더디거나 비용이 급증하는 경우, 클라이언트 노드들이 직접 커뮤니케이션을 하여 일을 처리하는 시나리오도 상상해볼 수 있다.

아마존 웹 서비스나 마이크로소프트의 애저Azure 같은 클라우드에서 애플리케이션을 구동하면 사용한 시간, 저장 공간, 데이터 전송량, 컴퓨팅 처리 속도에 따라 요금을 내야 한다. 이에 반해 가상 기기의 요금 계산법은 혁신적이다. 기존 클라우드 인프라의 물리적인 서버를 이용하는 게 아니므로 순전히 블록체인에서 비즈니스 로직을 구현하는 비용만 계산된다. 여기에서 서버 관리는 신경 쓸 필요가 없다. 서버는 채굴mining을 통해 인프라를 운영하는 대가로 수익을 얻는 도처의 채굴자들이 관리한다.

따라서 블록체인 클라우드의 마이크로밸류 가격 결정 모델[20]은 전통적인 컴퓨팅에서의 모델과 유사하나 한 가지 새로운 층을 통해 구현된다. 블록체인 클라우드는 클라우드로부터 물리적으로 분리되는 것이 아니라, 유사하지만 더욱 경량화된 클라우드에서 암호학 기반 거래 입증 방식과

---

19 스마트 계약과 같은 증명, 자동 실행 등의 기능이 필요 없는 일반 프로그램을 블록체인에서 작성하는 것은 비용 대비 장점을 취할 수 없기 때문이다.

20 작은 서비스를 통해 만들어진 가치에 가격을 매기는 방식. 블록체인에서는 거래 또는 실행한 스마트 계약 코드별로 가격을 설정한다.

상태 전이 기록이라는 새로운 한 층이 덧붙여지는 개념이다.

그러나 이 새로운 인프라에서 애플리케이션을 구동하기 위해서는 넘어야 할 산이 있다. 개빈 우드Gavin Wood가 웹3web3라고 명명한 새로운 아키텍처, 즉 탈중앙형 애플리케이션이라는 새로운 패러다임을 수용해야 한다.[21] 웹3는 오로지 블록체인에서만 구동되는 아키텍처이다. 이더리움을 가지고 예를 들어보면 웹3는 1) 클라이언트 역할의 고급 브라우저, 2) 공유 자원 역할의 블록체인 원장, 3) 가상의 컴퓨터 네트워크로 구성된다. 가상의 컴퓨터 네크워크는 탈중앙 방식으로 거래를 청산하거나 특정 값을 토글하는 블록체인 합의 엔진을 통해 스마트 비즈니스 로직 프로그램을 구동한다. 이 새로운 패러다임은 사실상 암호 기반 탈중앙형 컴퓨팅의 미래를 대변하는 전형적인 예다. 동시에 브라우저 내에서 자바스크립트를 구동하고, 회사 서버에서 서버 관련 코드를 구동하는 현재의 웹 기반 애플리케이션 아키텍처의 변형이라고도 할 수 있다. 또한, 좀 더 큰 그림에서는 기술 분야에서 계층이 간소화delayering되고 있다고 볼 수도 있다.

- API가 암호로 보안된 공개 인프라(블록체인)에서 제공된다.
- 블록체인은 새로운 데이터베이스로 활용되고 있다. 예를 들어, 분산 해시 테이블(DHT)에 위변조 불가한 암호 키(또는 해시)를 영구적으로 저장하는 공간으로 쓰인다.
- 새로운 유형의 브라우저는 사용자가 웹 페이지뿐만 아니라 탈중앙형 애플리케이션(디앱)을 런칭할 수 있도록 한다. 이더리움의 미스트Mist[22]가 그 예다.

---

21 http://gavwood.com/web3lt.html (원주)

22 이더리움 블록체인의 디지털 지갑. 암호화폐 송수신뿐 아니라 스마트 계약을 론칭할 수 있는 기능을 포함한다.

- 월드 와이드 웹의 기존 하이퍼텍스트 프로토콜은 IPFS라고 불리는 새로운 하이퍼미디어 프로토콜로 그 기능이 강화되고 있다. IPFS란 모든 컴퓨팅 기기를 하나의 동일한 파일 시스템에 연결하는 동등 계층 파일 시스템이다.
- 계약법의 영역이 줄어들고 있다. 당사자 간의 법적 책임을 추적할 수 있는 리카도 계약이 그 자리를 대신한다. 예를 들어 오픈바자OpenBazaar는 이 기능을 동등 계층 전자상거래 프로토콜에서 구현한다.

이 같은 상황은 대기업들에 심오한 메시지를 전한다. 이제는 회사원들이 기업 IT 부서의 허가 없이도 공개 블록체인을 통해 개인용 스마트 계약, P2P 앱, 디앱 등을 구동할 수 있다. 이것은 마치 SaaSSoftware-as-a-Service 23 덕분에 회사 직원들이 회사 인프라에 부담을 주지 않고도 스스로 필요한 서비스에 가입할 수 있게 되는 것과 유사하다(해당 서비스와 회사 내부 인프라가 통합되기 전까지는).

동등 계층구조 및 비용 분담 환경에서 이런 새로운 유형의 SaaS는 지원사격을 받게 될 것이다. 또한 컴퓨팅 인프라를 사용하는 대가로 지불해야 하는 수수료도 현재 인터넷 비용과 거의 비슷한 수준이 될 것이다. 그렇게 되면 애플리케이션들의 잠재력도 커진다.

경량 클라우드는 개인 사용자와 개발자에게 주어지는 자유와 유연성을 상징한다. 누구든 인프라 셋업에 대한 걱정 없이 소유권, 상거래, 계약법, 거래 방식, 상태 전이 함수 등에 대해 자신만의 비즈니스 로직을 만들 수 있게 된다.

우리는 경량 클라우드를 블록체인 인프라의 결과물로서 받아들여야

---

23 간단히 말해 서비스형 소프트웨어. 개인 PC에 소프트웨어를 설치할 필요 없이, 클라우드에서 소프트웨어가 동작하므로 일종의 서비스처럼 사용할 수 있다.

하며, 그 위에서 구동될 애플리케이션 개발에 적극적으로 뛰어들어 혁신을 이뤄야 한다.

수백만의 블록체인 활용하기

1994년 웹이 탄생했을 때 웹사이트는 참신함 그 자체였다. 1998년 포천 Fortune이 선정한 500대 기업 순위에는 웹사이트를 보유하지 않은 기업도 여럿 있었다. 대부분의 기업이 웹과 연동되기까지 3년 이상의 시간이 걸렸다. 그중 다수의 웹사이트는 예쁘게 꾸민 책자 혹은 정보지에 지나지 않는다는 비판을 받기 일쑤였다. 현재까지도 아마존 정도만이 인터넷을 비즈니스에 접목한 몇 안 되는 기업으로 손꼽히고 있다.

2016년 이후의 세상을 바라보자. 블록체인은 새로운 웹사이트가 될 것이다. 블록체인을 기술 괴짜들의 영역으로 생각하는 사람이 많아 그런 편견을 깨는 것이 하나의 과제이기도 하다. 그러나 세상에 존재하는 모든 기업은 공개든, 비공개든, 또는 반공개든 결국 다양한 형태의 블록체인을 마주할 수밖에 없다.

회사들은 소비자들이 익숙한 포털 웹사이트와 유사한 개념으로 블록체인을 묘사하여 신규 소비자 유치를 촉진하고, 블록체인의 역량을 알리고 그것을 이용한 서비스를 제공할 수 있을 것이다.

그 과정의 첫 단계는 블록체인에 맞는 서비스가 무엇일지 탐색하는 것이다. 과거 처음 웹사이트를 제작할 때 이런 질문을 던져봤을 것이다. "우리가 여기에 무엇을 게시하면 좋을까?" 마찬가지로 동등 계층 간의 다양한 가치 교환 서비스 측면에서 블록체인이 쓰일 만한 사례에 대해서 묻고 시작하는 과정이 필요하다.

2009년 나카모토 사토시가 처음 비트코인 블록체인을 위한 코드를 발표했을 때, 그는 단 두 대의 컴퓨터와 토큰 하나로 시작했다. 지금 생각하면 믿을 수 없다. 그러나 그가 만든 소프트웨어 프로그램을 다운로드한 사람은 누구나 그와 같은 코드를 실행하는 또 하나의 노드로서 네트워크에 연결되었고 그 규모는 이후 엄청나게 커졌다. 스스로 규모를 성장시키는 네트워크 형태가 된 것이다. 이와 같은 형식으로 공개 블록체인이 성장한다.

비트코인은 바로 그 첫 번째 공개 블록체인이었다. 이로 인해 많은 사람이 영감을 받았다. 이더리움은 다목적 공개 블록체인으로서 역시나 단시간에 빠르게 성장하여 두 번째로 큰 규모를 가지게 되었고 세계적으로 중요성을 인정받고 있다.

공개 블록체인과 비공개 블록체인의 주요 차이점은 이것이다. 공개 블록체인은 대개 낮은 비용과 범용성이 주 특징인 반면, 비공개 블록체인은 소수의 사용자에 의해 비용이 발생되기 때문에 셋업 비용이 더 들고 사용 목적이 보다 구체적이다. 앞으로는 목적성이 짙은 공개 블록체인도 늘어날 것으로 기대된다. 그 예로 완벽한 프라이버시 보장을 약속하는 지캐시Zcash를 들 수 있다.

공개, 비공개, 반공개 그리고 구체적인 목적을 가진 여러 형태의 블록체인이 활발하게 개발되고 사용된다면 머지않아 수백만 개의 블록체인이 존재하는 세상이 실현될 것이다.

2장의 핵심 아이디어

1. 블록체인은 거래를 인증하는 새로운 패러다임이다. 우리는 신뢰가 사람이 아닌 기계에 의해서 인증될 수 있다는 사실을 열린 마음으로 수용해야 한다.

2. 신뢰는 투명성 제고를 통해 확보할 수 있다. 이를 위해 신원 및 평판에 관한 정보는 공유되어야 한다.

3. 현재 사람들이 구글링으로 수만 가지의 정보를 검색하듯 앞으로는 수많은 사건 발생의 입증을 블록체인이 담당할 것이다.

4. 블록체인과 관련하여 익명성, 신원 정보, 탈중앙형 데이터 그리고 보안에 관한 사항들이 이슈화되고 있다.

5. 스마트 계약과 스마트 자산은 블록체인 운영의 핵심 요소로서 블록체인의 가능성을 열고 애플리케이션의 확산을 주도한다. 개발자들은 블록체인의 속성을 깊이 파고들 걱정 없이 곧장 스마트 계약 기반의 애플리케이션을 작성에 뛰어들 수 있게 될 것이다.

3장

블록체인이 마주한 난관

"풍향이 바뀔 때, 어떤 이는 담을 쌓고
어떤 이는 풍차를 만들어 돌린다."

– 중국 속담

옛날에 한 젊은이가 현자를 찾아가 고민을 털어놓았다.

"어르신, 저는 지금 제가 너무 보잘것없게 느껴지고 살고 싶은 의지도 없습니다. 다른 사람들도 저를 모두 바보로 취급하고 낙오자라 부릅니다. 간절히 부탁합니다. 저 좀 도와주십시오."

현자는 젊은이를 흘깃 보며 대답했다. "미안하지만 내가 지금은 너무 바빠 도움을 줄 수 없네. 내가 꼭 살펴야 할 급한 일이 생겼거든." 현자는 말을 잇기 전 잠시 생각하고는 젊은이에게 제안했다. "하지만 자네가 지금 내 일을 먼저 도와준다면 나중에 꼭 보답히겠네."

"아 그러시군요···. 그렇다면 도와드리겠습니다." 젊은이는 자신의 고민이 또 한 번 제쳐진 상황에 낙담하면서도 나지막하게 요청에 응했다.

현자는 손가락에 끼고 있던 화려한 보석 장식의 반지를 빼서 젊은이에게 주며 말했다. "고맙네. 내가 예전에 진 빚이 있는데 지금 그 빚을 급히 갚아야 하네. 내 말을 타고 시장으로 가서 이 반지를 팔아주게. 최대한 높은 값을 받아야 하네. 단, 절대 금화 1냥 아래로는 팔지 말게. 지금 당장 출발해서 최대한 빨리 돌아와주게!"

젊은이는 반지를 챙겨서 서둘러 말을 타고 시장으로 갔다. 그리고 여러 상인에게 반지를 보여주었다. 사람들은 반지를 자세히 들여다보다가도 젊은이가 금화 1냥을 가격으로 제시하면 곧바로 관심을 거두었다. 대놓고 코웃음을 치는 장사꾼도 있는가 하면 아무 말도 없이 자리를 피하는 이도 있었다. 한 늙은 상인만이 젊은이에게 다가와, 금화 1냥을 주고 그 반지를 살 사람은 없다며 기껏 해봐야 은화 1냥 아니면 동전 몇 푼 정도 받을 거라고 귀뜸해주었다.

젊은이는 이 말을 듣고 상심했다. 현자는 분명 반지를 금화 1냥 밑으로는 팔지 말라고 일렀으니 말이다. 온 시장 바닥을 돌아다녔으나 결국 젊은이는 말을 돌려 현자에게 되돌아가야 했다. 실패에 낙심한 채 현자에게 돌아와 젊은이는 이렇게 고했다.

"어르신께서 부탁하신 일을 완수하지 못했습니다. 은화 몇 냥 정도는 받을 수 있었지만, 금화 1냥 밑으로는 절대 합의하지 말라고 하셨기 때문에 그냥 돌아왔습니다. 하지만 상인들은 반지의 값어치가 그만큼 되지 않는다고 하더군요."

"값어치를 매기는 일은 아주 중요하지. 그럼 우리 반지를 팔기 전에 값어치가 얼마인지부터 확인해보세. 보석상에게 그 일을 맡기면 되겠구먼. 다시 말을 타고 보석상에게 가서 확인해보게. 단, 보석상이 얼마를 제시하든 절대 보석상에게 반지를 팔지 말게. 값만 확인하고 바로 나에게 다시 돌아오게."

젊은이는 보석상을 만나러 다시 떠났다. 보석상은 확대경을 가지고 반지를 이리저리 오래도록 살피고 조그마한 저울에 무게도 재보더니 이렇게 말했다.

"어르신께 전하게. 지금 당장은 금화 58냥 이상은 못 드리지만, 내게 시간을 좀 더 준다면 금화 70냥까지 생각해보겠다고 말이야."

"금화 70냥이라고요?" 젊은이는 소리쳤다. 그는 너무 기쁜 나머지 감사를 표하고는 최대한 빨리 말을 돌렸다. 활기 가득한 젊은이에게 얘기를 전해 들은 현자는 말했다.

"자네가 바로 이 반지와 같은 존재라는 사실을 잊지 말게. 아주 소중하고 가치 있지. 오직 전문가만이 진짜 가치를 알아볼 수 있다네. 시장에 나가서 온종일 아무것도 모르고 떠들어대는 사람들의 말에 주의를 기울이는 데 시간을 낭비할 이유가 없다는 말이네."

나는 이 우화를 읽으며 비트코인, 암호화폐를 비롯한 여러 블록체인 기반 기술들이 사회에서 적법성을 얻고 가치를 인정받는 과정에서 겪고 있는 주변의 질서와 의심을 떠올렸다.

블록체인은 대중에게 널리 퍼지기 전까지는 숱한 저항과 오해, 거절을 당할 수 있다. 3장은 다소 회의적인 내용이 많아 이 부분만 읽는다면 블록체인의 성공이 의심될 것이다. 하지만 앞선 우화의 젊은이처럼 당신도 절대 우매한 상인들에게 블록체인을 헐값에 팔아넘겨서는 안 된다.

물론 블록체인은 미지의 영역이 많아서 도전거리가 쌓여 있다. 그러나 인터넷도 1994년부터 1998년까지 이에 못지 않은 맹점과 불확실성이 존재했다. 약 20년이 지난 오늘날, 인터넷을 둘러싼 사람들의 편견은 해소되었다. 우리 주변의 상당수 일이 인터넷 없이는 불가능할 정도다. 어떤 서비스든 웹을 기반으로 하는 솔루션이나 선택지가 있을 것이다. 인터넷 초기에는 상상조차 할 수 없는 시장 침투력이다.

블록체인을 대하는 사람들의 반응은 열광과 회의로 나뉜다. 이러한 혼재된 반응은 초창기 인터넷에 대해서도 마찬가지였다. 인터넷은 열광하는 무리가 의심하는 무리를 설득한 덕에 아주 훌륭한 도구로 발전했다. 하지만 이 모든 것은 우연히 혹은 단순히 열광만으로 이루어진 결과가 아니다. 시간이 지나며 자연스럽게 형성된 결과도 아니다. 초기의 시장 참여자들이 인터넷을 상업화하는 데 따르는 장애 요소를 분석하고 이를 차근히 해결하며 시장 진입 장벽을 낮추었기에 가능했다.

1994년 무렵 나는 커머스넷CommerceNet과의 인연을 통해 인터넷 초기 상업화 작업에 참여하며 이 과정을 가까이에서 목격했다. 커머스넷은 인터넷의 초창기 발전을 위해, 기술, 교육, 법, 규제 분야에서 세부 시행 계획을 세워 인터넷의 진입 장벽을 낮추고 그 비전과 장점을 설파했다. 블록체인의 진화 과정도 분명 이와 비슷한 흐름을 탈 것이다.

블록체인의 진입 장벽, 구조적으로 파헤치기

블록체인을 '촉매-진입 장벽-해결책' 구조로 살펴보자. 우선 촉매 역할을 하는 비즈니스 동력과 기술 이네이블러를 명확히 인식해야 한다. 그다음 기술, 사업/시장, 법/규제, 행동/교육 분야에서 극복해야 할 장벽을 분석하며, 마지막으로 장벽을 넘어설 해결책을 마련해나간다.

진입 장벽은 저절로 무너지지 않으므로 방치해서는 안 된다. 옳은 방향으로 진보를 이뤄야 한다.

촉매-진입 장벽-해결책의 구조는 우리가 중요한 것에 집중할 수 있도록 돕는다. 진보는 거센 비즈니스 동력과 기술 이네이블러가 뒷받침되고 문제의 해결 방안을 찾아낼 때 비로소 일어난다.

블록체인을 성공으로 이끄는 프레임워크

비즈니스 동력	기술 이네이블러
기술 장벽	행동/교육 장벽
사업/시장 장벽	법/규제 장벽
진입 장벽에 대한 해결 방안	

© William Mougayar, 2016

다음의 표는 네 가지 장벽에서 파생되는 각종 난제들을 나타낸다.

기술	사업/시장
미진한 생태계 인프라	블록체인으로의 자산 이동
미숙한 앱	프로젝트 아이디어의 질적 수준
개발자 부족	크리티컬 매스[1] 확보
미숙한 미들웨어와 툴	스타트업의 질적 수준
확장성	벤처 자금 마련
레거시 시스템	암호화폐의 가치 변동성
데이터베이스를 쓰지 않는 대가	사용자 유치
프라이버시	전무한 포스터 앱 기업
보안	우수 인재 부족
표준 부족	비용 문제
	혁신 기업의 딜레마[2]

---

1 혁신이 지속적으로 발전하기 위해 필요한 사용자 수

2 클레이튼 크리스텐슨의 저서 『혁신기업의 딜레마』로부터 대중화된 용어. 성공적인 기업이 고객의 현재 요구에 너무 집중하면 새로운 기술이나 비즈니스 모델을 적용하는 데 실패한다고 주장한다. https://en.wikipedia.org/wiki/The_Innovator's_Dilemma (원주)

행동/교육	법/규제
잠재성 인식 부족	불명확한 규제
제한된 경영진의 비전	정부 간섭
변화에 대한 대처/관리	컴플라이언스 요건
네트워크 신뢰 문제	과대광고
베스트 프랙티스 부족	세금 신고
저조한 사용성	

기술 장벽

과학자나 소프트웨어 엔지니어는 기술 문제를 해결해나가는 것을 즐긴다. 그들에게 문제의 난이도는 중요치 않다. 복잡할수록 해결하려는 동기가 더욱 발휘된다.

미진한 생태계 인프라

블록체인이 힘차게 출발하기 위해서는 각각의 블록체인이 인프라를 가지고 있어야 할 뿐만 아니라 역동적으로 움직이는 생태계가 주변에 조성되어야 한다. 또한 이 생태계를 적극적으로 지지하는 다수의 사용자 참여가 필요하다. 기술적으로는 프로토콜 그 자체가 최소 요구 조건이며, 그것을 더욱 유용하게 만들려면 소프트웨어 툴과 서비스가 뒷받침되어야 한다. 그러나 블록체인 시장이 발달하는 데 직접적인 영향력을 미치는 것은 바로 기술을 둘러싼 참여자들이 일궈나가는 생태계이다. 기술은 사용자 없이 존속하기 어렵다.

웹이 하나의 생태계로 굴러가듯 블록체인 생태계 또한 결과적으로 서로 연결된 다수의 블록체인이 맞물려 돌아가는 형태로 발전할 것이다. 다만 성숙기에 도달할 때까지는 오케스트라 공연에서 몇 가지 악기가 빠진 것 같은 느낌을 줄 수 있다.

역동적인 생태계는 각계계층의 여러 가지 활동을 필요로 한다.

- 인프라, 미들웨어, 소프트웨어 앱을 포함하는 완전한 **기술 스택**
- 새로운 상품과 시장을 창조하며 혁신하고 달성하는 **스타트업**
- 기업을 대상으로 종단 간[3] 솔루션/서비스를 제공하는 **솔루션 및 서비스 제공자**
- 기업가 및 과학자 편에 서서 위험을 감수하고 투자하는 **벤처 캐피털 및 투자자**
- **기술 지지 세력**, 인플루언서, 분석가, 봉사자, 지역 커뮤니티
- 기술의 핵심 요소 및 확장 영역을 연구하는 **개발자와 공학자**
- **제품 사용자**(일반 소비자 또는 기업 소비자)

미숙한 앱

어떤 기반 기술이 새롭게 등장하면 그것을 활용한 여러 앱이 쇄도하기까지는 일정한 시간이 필요하다. 돌이켜보면 혁신적인 웹 기반 앱을 만나기까지 상당한 시간이 걸렸다. 초기의 앱은 대부분 현실에서 이미 가능한 일들을 웹에서 처리하도록 한 것에 불과했다. 그러나 모사도 훌륭한 첫걸음이다. 대중의 기대가 낮을 때 부지런히 경험을 축적해 역량을 신장시킬 수 있기 때문이다.

　지금 과장해서 말하자면 현존하는 모든 소프트웨어 앱은 블록체인과 탈중앙화 기법을 가지고 재구현될 수 있다. 다만 우리가 반드시 그렇게 해야 한다는 의미는 아니다.

　블록체인에게 2016년은 웹 기반 앱이 급증하던 1995년쯤이라고 할

3　비즈니스의 중간 과정에서 신경 써야 하는 모든 것을 대신 처리하는 완벽한 서비스

수 있다. 자바 가상 머신이 등장하고 나서부터는 물밀듯이 기회가 쏟아져 나왔고, 대규모의 웹 애플리케이션을 제작하는 것이 훨씬 쉬워졌다. 자바 컴퓨터 프로그래밍 언어의 출현으로 컴퓨터 아키텍처와 무관하게 모든 자바 앱이 자바 가상 머신(JVM) 위에서 구동될 수 있었다. 이더리움과 같은 몇 가지의 블록체인 역시 '가상 머신'의 일부 기능을 가지고 있어 개발자들이 내부 컴퓨터 아키텍처를 알지 못해도 블록체인에서 프로그램을 구동시킬 수 있다.

사용자를 급격히 늘릴 '킬러 앱'이 없다는 사실 역시 블록체인이 받는 지적 중 하나다. 물론 우리는 가시적인 앱이 또 다른 앱의 개발로 이어질 것을 기대하겠지만, 단 하나가 아닌 여러 킬러 앱을 지지하는 관점도 존재한다. 후자 시나리오의 경우 유명한 '롱테일' 시장의 속성이 존재하게 될 것이다.

개발자 부족

블록체인이라는 거대한 선박을 물에 띄우기 위해서는 수천 명의 소프트웨어 개발자가 필요하다. 2016년 중반 기준 대략 5천 명의 개발자가 비트코인 등 암호화폐나 블록체인과 관련된 소프트웨어 제작에 몰두하고 있다.[4] 이 밖에 2만여 명 정도는 블록체인 또는 이것에 연결된 프런트엔드 앱 작성에 발을 약간 들여놓은 상태일 것이다. 자바 개발자가 9백만 명(2016년 기준)[5]이고 소프트웨어 개발자가 1850만 명(2014년 기준)[6]인 것에 비해서 블록체인의 개발자 수는 극히 적은 실정이다.

그러나 블록체인은 기존에 널리 쓰이고 있는 자바, 자바스크립트,

---

4   2016년 4월 필자가 시장 주도 기업들을 대상으로 한 표본조사가 출처다. (원주)

5   https://en.wikipedia.org/wiki/Java_(programming_language) (원주)

6   https://www.infoq.com/news/2014/01/IDC-software-developers (원주)

C++, Node.js, 파이썬, Go 언어, 하스켈[7] 등과 비슷한 언어/스크립트 언어로 프로그래밍할 수 있으므로, 프로그래머들은 블록체인 기술을 대할 때 훨씬 친숙하게 느낄 것이다.

개발자 수를 늘릴 방안으로는 다음과 같은 것들이 있을 것이다.

- 블록체인 시장에 대한 이해도를 신장시켜 개발 욕구 자극
- 암호화폐 자격증 컨소시엄(C4)[8]에서 수여하는 자격증 취득 프로그램 활성화
- 공식 학위 과정 마련(예: 키프로스 소재 니코시아 대학교의 디지털 화폐 이학 석사 과정)
- 블록체인 업체 주관 교육 프로그램 운영

미숙한 미들웨어와 툴

블록체인의 미들웨어와 소프트웨어 툴은 매우 중요하다. 미들웨어는 블록체인 인프라와 앱을 구축하는 중간 과정에서 아교 역할을 하며, 소프트웨어 개발 툴은 전반적으로 소프트웨어 개발 프로젝트를 활성화한다.

1998년까지는 웹 기반 애플리케이션을 작성하는 일이 그리 간단하지 않았고 소프트웨어의 여러 부분을 수동으로 조합해야만 가능했다. 부실한 거래 관리 및 상태 관련 기능, 확장성, 배포 용이성, 앱 관리 능력, 보안 등 여러 문제가 웹 기반 애플리케이션의 개발을 더디게 만들었다. 그러다 넷스케이프가 그 유명한 일체형 '넷스케이프 애플리케이션 서버'를 세상에 선보였다. 소프트웨어 개발에 필수적인 구성 요소 및 도구가 총체적으로 포함된 독창적인 발명품이었다. 이로써 개발자들은 더 이상 호환성 문

---

7 대중적인 프로그래밍 언어들이다. (원주)

8 https://cryptoconsortium.org/ (원주)

제로 골머리를 앓지 않아도 되었으며, 간소화된 작업 절차로 웹 기반 애플리케이션을 작성하는 데만 몰두할 수 있었다. 넷스케이프 시절은 근대 웹 애플리케이션 아키텍처 시대의 시작을 알리는 총성이었다.

블록체인 앱을 구동, 개발, 배포하는 과정을 간소화하는 완전하고 혁신적인 제품이 우리 눈앞에 나타날 즈음, 이 세상은 새로운 국면으로 접어들 것이다.

확장성

블록체인의 확장성은 지속적인 논쟁거리다. 특히 공개 비트코인 블록체인 분야가 그러하다. 확장성 문제는 크게 두 가지로 나뉜다.

1. 기술 확장 방식은 대개 하나가 아닌 여러 가지다. 블록체인 또한 예외가 아니다. 특정 기술을 확장하기 위한 최선의 방식에 동의하지 않는 엔지니어들이 있을 수 있고 이 경우 논의가 길어져 기술 구현이 지연되기도 한다.
2. 2016년 오늘날, 블록체인의 확장성을 두고 아직도 과학적으로 연구되어야 할 부분이 여럿 남아 있다. 블록체인은 전에 없던 새로운 영역인 만큼 연구의 대상도 광활하게 열려 있다.

기술적 시스템을 확장하는 일은 도전의 연속이다. 규모가 커질수록 확장성의 요구 조건도 진화하기 때문에 움직이는 목표물이라고 해도 과언이 아니다. 따라서 아직 문제로 확인되지 않은 상황을 해결하려고 애쓸 필요는 없다. 문제에 당면하기 조금 전에 적절히 대처하면 된다. 사용자가 단 천 명인데 백만 명의 사용자를 위한 해결책을 마련할 필요가 없다는 얘기다.

우리는 발명된 지 30년이 지난 인터넷을 두고도 여전히 확장성을 설계하고 보완해나가고 있다. 2020년 무렵이 되면 약 5백억 개의 노드가 존재할 것이라고 가늠하는 일은, 1983년이나 1995년에는 전혀 필요 없는 설계상의 고민이었다. 하지만 수십억에 이르는 사용자 수와 엄청나게 증가한 네트워크의 규모를 이룬 오늘날, 우리는 더 수월하게 차후의 확장성 문제를 해결할 수 있다.

개념적으로 보면 블록체인의 확장 방식은 인터넷의 확장 방식과 크게 다르지 않다. 우리 주위에는 이 도전에 기꺼이 맞설 수많은 영리한 엔지니어, 과학자, 연구자, 디자이너가 있다.

다만 블록체인의 확장성 문제가 좀 더 복잡한 이유는 탈중앙화와 보안 사이에서 어느 정도 균형이 이루어져야 하기 때문이다. 탈중앙형 네트워크를 보안과 결속된 경제학적 모델을 가지고 확장하는 것은 시도한 적 없는 미개척 분야다.

레거시 시스템

기업의 레거시 시스템에는 두 가지 문제가 존재한다.

1. 현존하는 앱과의 통합 문제
2. 새로운 것으로 대체할 부분을 알아내는 일

레거시 컴퓨터 혹은 레거시 앱과 기술 통합을 이루어내는 것은 늘 IT 구현 과정에서 마주하는 난제다. 따라서 적어도 초기에는, 현존하는 시스템의 틀 바깥에서 사용자 시나리오나 프로젝트를 개발하는 것이 그나마 통합이 초래하는 골칫거리를 처음부터 겪지 않는 길이다.

데이터베이스를 쓰지 않는 대가

데이터베이스와 블록체인 사이에서 어떤 것을 이용하는 것이 좋을지 현명한 결정을 내리고 그 대가가 무엇인지 잘 이해할 필요가 있다. 그러기 위해서는 각 선택의 강점과 약점을 명확하게 파악해야 한다(1장과 2장을 참고).

블록체인이 강점을 발휘할 수 있는 분야와 백엔드 데이터베이스 혹은 기존의 앱과 결합하여 파생되는 이점을 지속적으로 탐색해야 한다. 사람들은 그 경계가 어디쯤인지 여전히 배워나가는 중이다. 잘못하다가는 절충안을 찾기도 전에 시계추처럼 양극단으로 치달을 수 있음을 명심해야 한다.

이외에도 블록체인 데이터를 거래, 이력, 분석, 컴플라이언스 보고 등의 목적으로 요구 사항에 맞게 저장해야 한다는 문제가 있다.

프라이버시

공개 블록체인상에서 발생한 모든 거래 내역은 가시성을 위해 기본적으로 개방성 및 투명성을 띤다. 다시 말해 누구든 거래의 자산 규모와 송수신 주소 등의 이력을 추적할 수 있다. 이런 투명성은 비공개 블록체인에서는 이전까지만 해도 상상할 수 없는 일이었으나, 지금은 자산의 암호화를 통해 비밀 유지가 가능해졌고 영지식 증명을 통해 신원 보호 또한 가능해졌다.

보안

블록체인의 보안성에 대한 의구심은 끊임없이 제기될 것이다. 우리는 아직 합의에 의한 거래 승인 방식에 적응해가는 중이다. 그 전까지 사용해온 결정론적 방식의 '데이터베이스 커밋' 대신 말이다.[9]

대규모 조직(특히 은행)은 잠재적 보안 문제를 내세워 공개 블록체인을 수용하기 꺼리고 있다. 거래의 최종 승인에 막대한 문제가 생길 것이라는 시나리오를 떠올리며 의심하는 순간, 공개 블록체인의 보안성이 완전히 보장될 수 없다는 기술적 변론이 무궁무진하게 펼쳐질 수 있다. 이에 대한 반론 역시 존재하지만, 그 의심 자체가 충분히 공개 블록체인 수용을 저지하는 요소로 작용한다.

표준 부족

앤드루 타넨바움은 "표준의 장점은 이 세상에 그 개수가 너무 많아 선택의 폭이 넓다는 정도다"라고 말했다. 블록체인은 초기에 이와 정반대의 문제로 시달렸다.

일반적으로 표준은 두 가지 방식으로 정해진다. 하나는 시장에서 받아들여져 표준이 되는 경우, 또 하나는 표준 위원회나 컨소시엄 그룹에서 합의하거나 고안하여 표준이 되는 경우다.

표준은 여러 가지 효익을 가져온다. 네트워크 효과, 용이한 호환성, 구현 지식 공유, 비용 절감 효과, 위험 감소 등을 기대해볼 수 있다. 각기 다른 표준은 기술, 플랫폼, 프로세스 등의 영역에서 난제를 해결하는 장치로 이용 가능하다.

하지만 표준을 대할 때 주의 사항이 있다. 우리는 대개 표준을 가지고 경쟁하지 않는다. 표준은 그 자체를 가지고 하는 경쟁은 완화하고, 회사들이 표준을 자신만의 방식으로 어떻게 실행하는지를 두고 경쟁토록 한다. 사업의 경쟁 우위는 실행력 또는 표준을 넘어서 혁신하는 능력에

---

9 결정론적 방식은 데이터베이스의 상태가 같을 경우 특정 입력에 대해 항상 동일한 결과를 반환하는 방식을 뜻하며, 커밋은 데이터베이스에 있는 기록을 업데이트하는 행위를 일컫는다.

서 생긴다. 블록체인의 표준 역시 이와 같은 맥락에서 경우에 따라서는 기회를, 혹은 경고 신호를 내놓을 것이다. 표준은 필요조건이되 충분조 건은 아니다.

사업/시장 장벽

사업과 시장에서 생기는 난관의 절반은 거시적인 환경 속에서, 또 다른 절 반은 조직 내부에서 일어난다.

블록체인으로의 자산 이동

블록체인은 디지털 자산을 운반하는 초고속 열차의 선로라고 할 수 있다. 그런데 열차(자산)를 선로(블록체인)에 올려놓는 것부터가 난관이다. 블 록체인에서 새로 자산을 생성하거나 현존하는 자산을 블록체인으로 이관 해야 한다. 블록체인에서 자산을 생성하는 방법이 기존 시스템과의 통합 과정을 필요로 하지 않으므로 쉬워 보일 수는 있으나 두 가지 방법 모두 고려해야 할 사항이 여럿 있다.

프로젝트 아이디어의 질적 수준

초기에 겪는 시행착오가 경험을 축적하는 데 도움을 주기는 하지만 시도 들이 가시적인 수익을 내지 못한다면 프로젝트의 질적 수준과 마음속에 품은 의욕을 재고해봐야 한다. 지나치게 소심한 프로젝트는 성과 또한 미 비하다.

크리티컬 매스 확보

크리티컬 매스는 B2C와 B2B 시장에 모두 적용된다. B2C 시장에서 소 비자용 앱이 성공했다고 평가받으려면 최소 수십만에서 많게는 수백만의 사용자를 확보해야 한다. B2B 시장에서는 기업 활동에서 부가가치가 생성되는 과정인 가치 사슬에 연관된 모든 주체가 하나의 블록체인을 중심으로 집결하고 참여해야 그에 상응하는 수익을 얻을 수 있다. 각 주체의 헌신적인 참여가 안정적으로 달성되기까지는 시간이 소요되기 마련이다.

스타트업의 질적 수준

블록체인 스타트업들도 여느 기술 관련 스타트업들과 크게 다르지 않다. 이들은 다양한 질적 수준을 가지고 있을 것이며 그중 소수가 실행 가능한 비즈니스로서 성공의 빛을 발할 것이다. 스타트업의 수가 많을수록 블록체인 생태계는 활기를 띨 것이다. 비록 그중 90~95퍼센트가 실패하더라도 말이다. 사업은 실패했지만 그 실패의 과정을 통해 노련해진 기업가들이 배출되어 차후의 도전에서는 더욱 나은 결과를 기대해볼 수 있다. 우리는 새로 생겨나는 벤처 사업들이 초기부터 훌륭한 퀄리티를 갖지 못하더라도 그들의 존재 자체를 반겨주어야 한다.

벤처 자금 마련

벤처 캐피털은 블록체인 기반 앱에 관련된 연구, 생산, 지원 활동에 필요한 자금을 마련하는 데 필수적이다. 전문 벤처 캐피털들은 위험 요소에 자금을 투자하고 사업가의 목표 달성을 지원하는 데 능숙하다. 블록체인 관련 스타트업으로 유입되는 벤처 자금의 점진적인 증가가 예상된다.

또 다른 자금 조달 방법은 자체적으로 암호화폐 혹은 암호 토큰을 발행하여 크라우드 펀딩을 이용하는 것이다. 단, 이 방법은 관리에 문제의 소지가 있어 위험성과 불확실성을 감수해야 한다. 성공의 가능성 역시 벤처 캐피털을 통해 자금을 조달받을 확률보다 높지 않다.

암호화폐의 가치 변동성

암호화폐의 가치 변동성은 사람들이 이를 신뢰하고 통용하는 데 방해 요소로 작용한다. 그러나 오늘날 암호화폐 기반 기술이 시장에 도입되고 성숙되어가는 추세를 볼 때 가치 변동성은 점차 안정될 것으로 보인다. 암호화폐로 투기 또는 범죄를 벌이는 사람들이 암호화폐 시스템에 끼치는 영향도 시간이 지날수록 존재감이 없을 정도로 미미해질 것이다.

사용자 유치

사용자는 대개 복잡한 기반 기술(블록체인도 그중 하나다)로 인해 사용법 또한 복잡해지는 것을 꺼린다. 블록체인의 초기 앱이 훌륭한 사용자 경험을 제공하지는 못했을 수도 있다. 그러나 훗날에는 사용자가 자신이 사용하는 서비스의 기반 기술이 블록체인임을 알아차리지 못할 정도로 자연스럽게 한 영역을 차지할 날이 올 것이다.

전무한 포스터 앱 기업

블록체인 세계에서 아마존 또는 이베이 같은 역할은 누가 할까? 이런 서비스를 제공하는 업체야말로 우리에게 블록체인 위에서 사업을 펼칠 수 있다는 믿음과 근거를 심어준다. 앞으로 누가 이런 역할을 할지, 그리고 그들이 시장에서 받아들여져 어떤 성공의 결실을 거둘지 지켜보게 될 것이다.

우수 인재 부족

수천 명에 달하는 직원을 단숨에 노련한 블록체인 전문가로 양성하기는 어렵다. 조직 내에 블록체인을 잘 다루고 이를 옹호하는 전문가들을 충분히 고용해야 한다. 그래서 상위 관리자의 지시 여부에 상관없이 그들 스스로 다양한 형태의 블록체인을 연구하고 솔루션을 개발할 수 있게 동기가 유발되도록 환경을 조성해야 한다. 지금 기업 내부에서 웹 기반 애플리케이션에 대한 아이디어를 창출하는 것이 자연스러운 것처럼 블록체인 또한 그러해야 한다.

비용 문제

블록체인 기술을 처음 접할 때 드는 비용은 별로 없다. 왜냐하면 오픈 소스 라이선스 덕에 무료로 제공되는 서비스가 많이 있기 때문이다. 그러나 IT 관련 프로젝트의 총괄적인 전개를 위해서는 별도의 비용이 든다. 일부 최고정보관리자(CIO)들은 초기 일정 이상의 투자 수익률(ROI)이 보장되기 전에는 추가 예산 편성 및 지출을 꺼려할 수 있다.

혁신 기업의 딜레마

현재의 비즈니스 모델 안에서만 머문다면 혁신을 이루기는 어렵다. 그런 경우 보통 모든 것을 기존의 비즈니스 모델과 결부하여 좁아진 사고의 틀 속에서 가능성을 판단하기 때문이다. 사업에 신뢰 기능을 담당하는 부서가 있다면(가령 청산소) 특히 그렇다. 현존하는 중개자들은 역사상 최고 난이도의 변화의 바람을 직면하고 있다. 블록체인이 그들의 가치 또는 존재 이유를 무색하게 만들었기 때문이다. 그들은 블록체인의 기능을 차용하여 자신의 가치를 다시 살릴 창의적인 방법을 찾고 대대적인 탈바꿈을 시도해야 할 것이다. 때로 다른 사람이 자신의 머리에 총을 겨누기 전에 스스로 발에 총상을 입히는 것이 필요할 때가 있다. 대규모 조직은 다양한 이유로 인해 비즈니스 모델을 수정하는 일이 간단치 않다.

법/규제 장벽

정책 입안자나 규제 기관은 새로운 기술을 마주할 때 보통 세 가지 유형 중 하나의 반응을 보인다.

1. 아무것도 하지 않는다. 그리고 시장이 스스로 성숙하고 진화하도록 한다.
2. 요충 지점을 관리한다. 예를 들어 라이선스를 취득해야 하는 암호화폐 거래소 또는 소프트웨어 제공 업체가 이에 해당된다.
3. 거래가 일어나는 곳 또는 그 과정에 자동 규제 장치를 삽입한다. 이런 경우 프로그래머가 만들어놓은 백도어나 정보 배출 통로를 통해 규제 기관이 비밀리에 데이터를 직접 보고받고 발생하는 거래마다 즉시 세금을 걷는 결과를 낳을 수 있다.

불명확한 규제

규제 기관의 입장이 명확해야 블록체인 생태계 참여자들이 혼란과 불확실성에 떨지 않는다. 블록체인은 수많은 영역에 영향을 미치는 블록버스터급 기술이기 때문에 그만큼 다양한 규제가 만들어질 것이다. 그리고 이것은 혼란을 가중시킬 것이다. 인터넷이 발전 초기에 주위의 간섭 없이 스스로 진화하고 번영한 것처럼 블록체인 기술 또한 어느 정도 성숙될 때까지는 간섭하지 않는 것이 좋다고 본다.

그럼에도 결국 블록체인과 관련된 법적 규제는 많이 생길 것이다. 하지만 그 시기를 최대한 늦춰야 한다. 규제 기관은 신뢰가 투명성과 개방성을 띠고 더 이상 중앙 통제가 필요치 않다는 거대한 패러다임의 변화를 직시해야 한다. 규제 기관은 과연 신뢰 제공자가 블록체인으로 바뀐 현 상황에 순응하고 변화를 꾀할까? 탈중앙화가 기본 속성인 블록체인은 기존의 중앙형 시스템보다 규제하기가 어려우므로 규제도 혁신을 이뤄야 한다. 가령 블록체인을 공인하는 절차를 생각해볼 수 있다.

우리는 발명된 지 백 년이 넘은 자동차에 대해서도 아직까지 규제를 멈추지 않는다. 주간상시등을 켜게 하고 안전벨트를 의무화하며 이산화탄소 배출량을 제한한다. 이들은 자동차 산업 초기에는 존재하지 않았으나 다년간의 관찰과 경험을 통해 고안된 규정이다. 자동 주간등 센서나 에어백에 대한 규제가 포드 모델 T 출시 2년 차인 1910년에 시행되었다고 가정해보자. 그 당시 자동차에는 센서나 에어백이 존재하지도 않았으니 필요할 리 만무한 규정들이다. 즉, 어떤 기술의 초창기에는 무엇을 규제해야 할지 정확히 알지 못한다는 뜻이다.

정부 간섭

일부 국가는 비트코인에 대한 불편한 입장을 드러냈다. 국가 기관에서 보장하지 않는 화폐라는 이유 때문이다. 러시아, 중국, 유럽연합의 일부 중앙은행 기구는 비트코인이 도입되자 사용하지 말 것을 권고하기도 했다. 블록체인 그 자체가 비트코인은 아니지만 실질 자산과 더불어 암호화폐를 발행하고 실어 나르는 역할을 한다. 정치가들과 정책 입안자들이 블록체인의 사용을 더 수긍할 때까지 정부의 정밀 조사는 계속 실시될 것이다.

정부는 그들의 대리자 역할을 하는 시장, 정책 입안자, 사법 당국에 잘못된 신호를 보내 혁신의 열매를 맺을 블록체인 기술을 시장에서 단명시킬 수도 있다. 물론 정부 규제가 소비자 보호 등의 표준화를 위해 마련될 수도 있으나 초기 간섭은 되도록 적을수록 좋다.

컴플라이언스 요건

금융기관에서 컴플라이언스 활동은 매우 중요하다. 이들은 개정된 법과 규제를 거스르지 않도록 최신 정보를 유지하는 데 수십억 달러를 지출한다.

컴플라이언스 활동은 제대로 해도, 또 하지 않아도 상당한 비용이 발생하여 이익을 갉아먹는다. 컴플라이언스 요건으로 다음의 사항들이 포함된다면 블록체인 기술이 엄청난 파급력을 가지게 될 것이다.

- 암호화폐/토큰을 실질 화폐로 수용
- 블록체인에서의 거래 승인 인정
- 스마트 계약을 법의 테두리 내로 포함
- 블록체인에서의 P2P 쌍방 검증 허가

과대광고

과대광고를 명확히 판별하기는 쉽지 않다. 때로는 과장을 해서 오히려 손해를 보는 경우가 있다. 대개 시장은 어떤 기술이 현실에 안착하기도 전에 지나친 기대를 걸게 만드는데 그런 새로운 기술에 대한 과장된 선전은 실상 그 기술을 널리 퍼뜨리는 데 저해 요소가 된다. 과대광고는 기술 제공 업체가 과도한 열정을 가지고 마케팅에 접근할 때 주로 발생한다.

세금 신고

초기의 블록체인 플랫폼은 세금 신고에 관한 기능보다는 거래 자체에 집중했다. 그러나 이제는 납세 및 세금 신고 기능을 개발하는 데 역점을 두어야 한다. 그래야만 기존의 회계 시스템과 무리 없이 연동할 수 있다. 이 영역에 대한 해결책이 곧 나오리라 기대한다.

행동/교육 장벽

잠재성 인식 부족

제아무리 영리한 사업가 또는 경영진이라고 해도 블록체인의 기본 역량을 충실히 이해하지 못하고서는 그 잠재적 가치를 알아볼 수 없다. 이 장벽을 허물 유일한 방법은 블록체인과 그것의 잠재성을 학습하는 일이다. 내가 이 책을 집필하게 된 가장 큰 이유도 바로 여기에 있다.

경영진의 비전 한계

블록체인을 완전히 알기 위해 충분한 시간을 할애하지 않았거나 블록체인이 사업에 큰 혼란을 야기할까 두려워 멀리 두고 싶어 하는 경영진이라면 그저 자기가 보고 싶은 것만 볼 것이다. 물론 블록체인의 가능성을 완전히 알아가려면 시간이 필요하다. 블록체인을 두려워하는 경영자는 극히 제한된 자신의 현실에 맞추어 시야를 좁힐 것이다.

변화에 대한 대처/관리

블록체인을 통해 좀 더 많은 이득을 보고자 한다면 비즈니스 프로세스를 리엔지니어링한다는 마음가짐을 가져야 한다. 작업 기간이 길지 않고 수월한 프로젝트의 경우에는 이득을 보기 위해 요구되는 변화의 크기도 작지만, 거대한 조직의 경우 그에 상응하는 크기의 변화를 달성하기란 쉽지 않다.

네트워크 신뢰 문제

'사람들은 서로를 믿고 있고, 몇 세기 동안 존재해온 신용기관이 제 기능을 수행하고 있는데 왜 굳이 신뢰를 네트워크 속에 집어넣어야 하는가?' 블록체인 회의론자들은 이렇게 생각할 수 있다.

실체가 보이고 익숙한 신용기관이 아닌, 수학적 계산을 하는 컴퓨터의 네트워크를 신뢰하기 위해서는 새로운 패러다임적 사고가 필요하다. 결국 우리는 **네트워크가 신뢰 인증을 할 수 있고** 그것이 차세대 신뢰 인증 방식이라는 사실을 수용하게 될 것이다. 초기 웹 시기(1994~1998년)에 사람들(적어도 은행들)은 온라인 결제를 완전히 믿지 못했다. 때문에 신뢰 업무용 '지불 결제 사업자'를 별도로 만들어 사용하면서 당시로서는 신뢰도가 낮았던 새로운 기술(웹)을 기피하는 은행 시스템과 분리하는 작업을 추가로 진행해야 했다. 그러나 머지않아 웹에서의 신용카드 결제가 보편화되었고 이제는 웹을 두려워했던 옛 시절이 어렴풋이 기억날 뿐이다. 블록체인도 이와 같은 과정을 겪고 있다.

인터넷 접속 환경이 보편화되었듯이 블록체인도 초기에는 신뢰 기능을 지닌 네트워크로서의 역할이 가능할지 의구심이 들겠지만 결국에는 사회에서 아주 익숙한 기반 기술로 자리 잡을 것이다.

베스트 프랙티스 부족

아직은 사람들이 블록체인을 구현해본 경험이 거의 없기 때문에 베스트 프랙티스 사례 역시 손에 꼽는다. 사용 사례를 찾아다니는 것에 이어 베스트 프랙티스를 공유하고 벤치마킹하는 일이 활발하게 진행될 것으로 보인다.

저조한 사용성

지난 2010년 이래 다수 출시된 소프트웨어 지갑 앱들만 봐도 비트코인이 그다지 활발하게 사용되지 못했다는 사실을 짐작할 수 있다. 이후 웹 기반의 암호화폐 거래소는 온라인 뱅킹과 비슷한 외관의 사용자 인터페이스를 제공했고, 탈중앙화가 덜 되어 주변으로부터 지적을 받기는 했으나 사용자를 일정 수준 유치할 만큼 이용하기 쉽게 구현되었다.

차후 출시될 블록체인 기반 앱은 크게 두 가지로 나눠볼 수 있다. 오픈바자같이 완전한 탈중앙형 앱이거나, 일반 웹 애플리케이션처럼 보이지만 백엔드 탈중앙화를 기반으로 하는 경우일 수 있다. 앱의 활용도는 그것이 이행하는 기능에 달려 있다. 예를 들어 금융거래 앱 또는 토지 등록 앱을 떠올려볼 수 있다. 이런 경우 블록체인은 사용자에게는 보이지 않는 혜택을 제공하면서도 본연의 임무를 충실히 수행할 것이다.

3장의 핵심 아이디어

1. 블록체인을 가로막는 장벽은 높다. 그러나 이는 1997년에 인터넷이 처했던 상황과 크게 다르지 않다. 블록체인 역시 인터넷처럼 그 장벽들을 차근히 하나씩 해결해나갈 것이며, 일부의 장벽은 자연적으로 해결되기도 할 것이다.

2. 블록체인이 진화하는 길목에는 기술 장벽, 사업/시장 장벽, 법/규제 장벽, 행동/교육 장벽이 존재한다.

3. 확장성(기술), 혁신(사업), 네트워크 신뢰 문제(행동), 최신 규정(법) 등이 가장 주요한 장벽이다.

4. 인터넷이 발명된 지 30년이 지난 지금도 우리는 인터넷의 확장성을 관리 및 개선하고 있다. 블록체인 역시 마찬가지일 것이다.

5. 자동차는 진화를 거듭하면서 여러 가지 안전 규정이 새로 제정되었다. 블록체인 또한 발전하면서 새로 요구되는 법과 규칙이 만들어질 것이다.

4장

금융 서비스 시장 속 블록체인

"새로운 비즈니스 모델을
개발할 때 기존의 비즈니스 모델에서
시작하는 것은 금물이다."

– 클레이튼 크리스텐슨

사람들은 금융 서비스 기관들이 블록체인을 얼마나 수용할지 주목할 것이다. 기관들은 기본적으로 대문의 빗장을 아주 조금만 열어놓고는 혜택은 최대한 많이 받으려 할 것이다. 여기에 대해 스타트업은 그 빗장이 최대한 많이 열리도록 온갖 노력을 다할 것이다.

금융 서비스 분야에서 일어나는 블록체인의 기술 혁신은 대부분 스타트업이 주도하고 있다. 금융기관들도 여느 산업처럼 그 기술을 자체적으로 이용하여 혁신을 단행할 수 있지만 은행은 스타트업을 기이한 동물 다루듯 한다. 우선은 가까이 두고 지켜보지만 공생을 이루진 않는다. 실제 우리 주변의 거대 조직들은 대부분의 스타트업과는 한참의 거리를 두고 있다. 그들이 스타트업에 갖는 초기 관심은 동물원에 가서 동물을 구경하는 이치와 같다. 집에 가서 키워도 되는 기술인지 가늠해보기 위한 시험을 해보는 것이다.

어느 대형 조직이나 그들이 흡수 또는 강탈할 수 있는 범위를 넘어서는 외부의 혁신을 마주할 때 시험대에 오르게 된다.

이 경우 산업 내의 활동은 두 가지로 나뉜다. 한쪽에서는 스타트업들과 기술 제품/서비스 업체들이 시장에 들어선다. 또 다른 쪽에서는 기관들이 시장을 연구하고 다수의 사용 사례 및 목표 고객층과 목표 영역을 정한다. 여기서 난관은 그 사용 사례, 프로젝트, 계획에 알맞은 기술적, 비즈니스적 접근을 시도해야 한다는 것이다.

은행은 직접 나서서 이 새로운 기술을 익혀야 한다. 또한 정신을 재무장하고 위험을 감수하고서라도 다양한 아이디어를 실행해봐야 한다. 초기에 축적한 간단한 경험이 장기적으로는 보다 빨리 획기적인 진보를 이룰 수 있도록 도와줄 것이다.

이 장에서 각 조직에 맞는 일대일 솔루션을 제공하지는 않는다. 그것보다는 금융 서비스 기관들이 블록체인을 어떻게 바라봐야 하는지에 대해 이야기할 것이다. 이는 자신만의 전략을 세우는 데 유용하다. 어느 누구도 자신보다 자신의 사업에 대해 더 잘 아는 사람은 없을 테니 말이다.

인터넷과 핀테크의 공습

블록체인이 금융 서비스 기관들에 끼칠 영향을 알아보자. 이를 위해서는 이전에 인터넷이 이 기관들에 어떤 영향을 미쳤는지 살펴보고, 기술 우선 제품 전략 아래 경쟁력 있는 서비스를 제공하는 핀테크 기업의 등장을 주시해야 한다.

은행은 메인프레임 컴퓨터가 도입된 1950년 후반부터 IT에 의존해왔다. 그러나 '핀테크'라는 용어는 2013년이 되어서야 유행했다. 기술이 늘 은행 업무에서 핵심적인 역할을 했음에도 불구하고 은행이 인터넷을 기반으로 이룬 혁신은 그다지 많지 않다는 사실은 아이러니하다. 전통적으로 은행의 IT 관련 관심사는 백엔드 오퍼레이션(고객 계좌 및 거래 등),

직영 대리점 지원 기능, ATM 연결, 판매 시점(POS) 리테일 게이트웨이를 통한 결제 진행, 전 세계 파트너/은행과의 네트워크 연결, 다양한 금융 상품의 출시 정도로 제한되었다.

1994년 등장한 웹은 어떤 서비스든 프런트엔드로서의 진입점이 될 수 있었다. 그러나 이 당시 대부분의 은행들은 이 혁신의 기회를 잡지 않았다. 그들은 이미 일대일 비즈니스 관계 또는 직영점들 사이에서 서비스를 제공하는 데 익숙해져버렸기 때문이다. 웹의 영향력을 제대로 알아보지 못한 나머지 은행들은 제한된 사고의 틀 속에서 인터넷을 더디게 학습했다. 그 결과 웹이 상업화된 지 20년이 지난 지금도 여전히 은행은 고객들에게 단지 인터넷 뱅킹(모바일 뱅킹은 더욱 나중에 실현되었다), 온라인 증권 거래, 온라인 고지서 결제 기능만 제공할 뿐이다. 바뀐 거라곤 은행 지점을 내방하거나 고지서 결제 우편에 붙일 우표에 침을 바르는 고객들이 뜸해졌다는 사실뿐이다. 그러는 사이 은행의 과감한 혁신을 요구하며 핀테크가 성장했다.

페이팔은 결제 시스템에 대혁신을 이룬 파괴자였다. 페이팔을 따라 생겨난 수천 개의 핀테크 회사들이 대체 금융 서비스 솔루션을 제공하기 시작했다. 2015년 말까지 실사용자 1억 9천만 명, 총 결제 금액 2천 8백억 달러를 기록한 페이팔은 200개 이상의 시장에서 사용 가능한 실질적인 글로벌 플랫폼이다. 고객들은 100여 개 화폐 단위로 결제 대금을 받을 수 있고, 56개 화폐 단위로 계좌 인출이 가능하며, 페이팔 계정에 25개 화폐 단위로 잔고를 보유할 수 있다.[1]

페이팔은 전 세계 수백 개의 지역 은행과 직접적인 관계를 맺으며 이 세상에서 유일하게 경계 없는 글로벌 금융 서비스 제공자로 자리매김했

---

1 https://www.paypal.com/webapps/mpp/about (원주)

다. 페이팔의 성공은 큰 시사점을 남겼다. 단순히 기존 은행들 가운데 다리를 놓는 일만으로도 대체 금융 서비스 회사가 존립할 수 있다는 것을 보여주었다. 참고로 2014년 애플페이가 페이팔을 모사하여 스마트폰에서 일어나는 판매 시점을 가로채 은행과 고객 사이에 끼어들었다. 어떤 은행원에게 물어보더라도 페이팔과 애플페이가 자신들의 이익을 갈취하는 성가신 경쟁자이며, 은행이 이를 사전에 방지하지 못한 것이 한탄스럽다는 답을 들을 것이다.

2015년까지 190억 달러 이상의 벤처 투자금이 핀테크 스타트업으로 흘러들었다.[2] 그중 대부분의 자금은 대출, 자산 관리, 결제처럼 인기 있는 몇 가지 영역에 투자되었다. 어떤 스타트업은 밀레니얼 세대의 요구에 부응하여 모바일 전용의 풀 뱅킹 서비스를 제공하는 데 성공하기까지 이르렀다. 이로써 기존 은행이 아닌 맨바닥에서도 새로운 형태의 은행이 생겨날 수 있다는 것이 증명되었다.

재미있는 사실은 핀테크 스타트업들이 처음부터 기존 은행들을 공격한 것은 아니었다는 점이다. 은행과의 정면 승부는 위험하기도 하고 비용도 많이 든다는 것을 알았기 때문이다. 대신 은행과 근접한 분야이거나 은행이 방치하고 제대로 제공하지 않던 서비스 영역을 진입 지점으로 삼았다. 일견 스타트업들이 기존 은행을 피하는 것처럼 보이기도 한다. 스타트업은 규모도 작게 시작하고 아무런 영향도 없어 보일 때가 많다. 부지불식간에 나타나 엄청난 위력을 떨치기 전까지는 그 존재감이 미미하게만 보이는 것이다.

이러한 내막은 상당히 중요하다. 블록체인도 핀테크 못지않게 발판을 굳혀 완전한 모습의 비즈니스들을 창출할 가능성이 있기 때문이다. 어

---

2   https://assets.kpmg.com/content/dam/kpmg/pdf/2016/03/the-pulse-of-fintech.pdf (원주)

떤 블록체인 기반 스타트업들은 이미 금융 서비스 시장의 약점을 공략하여 기존 시장 지배자들에게 솔루션을 제공하고 있으며, 또 다른 스타트업들은 공유 인프라 또는 서비스 솔루션을 강화하는 작업을 기존 기관들과 협업하여 진행하고 있다. 이외에 기존 은행을 무시한 채 아예 신규 시장용으로 새로운 솔루션을 제공하는 불가능한 꿈을 꿈꾸는 자들도 있다.

역사를 반면교사로 삼지 않으면 같은 실수를 반복하기 마련이다. 은행은 인터넷을 받아들인 속도보다 더 신속히 블록체인을 도입해야 한다. 그러지 않으면 온갖 시련으로 고통받을 것이다. 핀테크가 은행의 결제 시스템에 도전장을 내민 것이라면, 블록체인은 은행 업무를 분산시킬 뿐만 아니라 국제 금융부터 청산소까지 기존의 조직들 간에 이루어지는 프로세스 전체를 뒤흔들 의지를 지니고 있는 것으로 보인다.

블록체인 기술은 은행 기관의 미래에 나쁜 소식과 좋은 소식을 동시에 전한다. 나쁜 소식은 일부 블록체인 스타트업이 핀테크처럼 기존 금융 비즈니스를 대체할 만큼의 위력을 가지게 되리라는 것이고, 좋은 소식은 블록체인이 여러 은행 업무의 능률을 높이고 간소화하는 데 탁월한 기술이라는 점이다.

당신이 낙관론자라면 제3의 결과도 기대해볼 수 있다. 바로 은행을 포함한 금융 서비스 산업 전체가 진지하게 스스로 혁신하여 새롭게 탈바꿈하는 시나리오다. 가능성은 적으나 실제 이런 상황이 발생한다면, 승자와 패자가 갈림으로써 전체적인 산업이 규모는 축소되겠지만 장기적으로는 훨씬 강력한 조직이 될 것이다.

블록체인이 은행의 종말을 불러오지는 않겠지만, 인터넷 도입 시절(1995~2000년)보다는 반드시 속히 혁신이 이루어져야 한다. 블록체인 초기는 새로운 기술을 연마할 수 있는 형성기이다. 훈련을 잘 이수한 자는 누구나 승자가 될 수 있기에 중요한 시기이다. 은행은 블록체인을 단순히 비용 절감 수단으로 바라봐서는 안 된다. 총체적인 매출 신장의 여러 새로운 기회를 발굴하는 계기로 삼아야 한다.

진정한 글로벌 은행은 존재할 수 없나?
비트코인이 지역의 경계 없는 글로벌 금융 시스템의 기반이 될 것이라는 주장을 한 상황에서 이 같은 질문을 왜 던지는지 의아해할 수 있다. 비트코인이 가진 비전은 전 세계적으로 탈중앙화된 화폐 네트워크를 생성하고 그 네트워크의 가장자리에 비트코인 사용자가 존재하도록 하는 것이다.

그런데 비트코인이 전 세계 어디에나 존재한다면 왜 진정한 글로벌 비트코인 은행은 없는 것일까?

이것은 꽤 까다로운 문제다. 비트코인의 철학은 탈중앙화인 반면, 은행은 중앙집권에서 비롯한 관계들의 온상이기 때문이다. 우리가 지금 신용카드로 언제 어디서나 편리하게 결제하는 것처럼, 시공간의 제약 없는 거래가 가능한 글로벌 은행을 원하는 이들에게는 이것이 큰 관심거리임에도 말이다.

안타깝지만 우리가 바라는 글로벌 은행은 결코 존재할 수 없다. 지역 규제의 장벽이 너무 높고 현실적이기 때문이다. 또한 현존하는 스타트업이나 은행 그 누구도 이러한 '초대형' 글로벌 은행이 되고 싶어 하지 않는다. 우버(차량 공유 서비스)가 글로벌 택시 카르텔에 맞서 직면한 장벽은 지역별로 상이한 금융 서비스 시스템의 규제, 컴플라이언스, 법적 장벽의 복잡성에 비하면 아무것도 아니다.

HSBC가 전 세계 72개국에 지점을 두고 있으면서도 진정한 세계 일류 글로벌 은행이 되지 못하는 이유는 무엇일까? 27개국에서 사용 중인 최대 규모의 유일한 비트코인 거래소 코인베이스Coinbase는 왜 진정한 '세계적' 선두 거래소가 아닐까?

'법적 규제'가 바로 위 두 가지 질문에 대한 공통적인 답변이다. 우리가 HSBC 또는 코인베이스 계좌를 이용해서 할 수 있는 일은 모두 일반 은행 계좌와 마찬가지로 우리가 속한 국가의 규제 사항 범위 내로 제한된다. 따라서 HSBC와 코인베이스가 글로벌 기업일 수는 있지만 사용자가 받는 서비스의 지역적 경계는 여전히 존재한다.

다행히도, 순수하게 비트코인으로만 이루어진 세상에는 글로벌 은행이 **존재한다**. 암호화폐 지갑을 소유한 자는 누구나 글로벌 은행이 된다. 지역 암호화폐 지갑은 기존 은행과 그 유사 은행 기관(암호화폐 거래소)이 규제받는 법망을 피해 위법을 저지르지 않는다. 암호화폐 지갑이 비암호화폐의 지상 세계로의 진입 지점과 연결점을 가지고 있는 한, 세계 어디를 여행하든 당신의 호주머니 속에 글로벌 은행이 존재하는 것과 다름없다.

소비자 기반의 암호화폐 거래가 진화하는 모습은 매우 중요하다. 이로써 블록체인을 가지고도 연결성을 만들어낼 수 있고 SWIFT와 유사한 효과[3]를 달성할 수 있음을 증명할 수 있기 때문이다. 세계 곳곳에 존재하는 50여 개의 암호화폐 거래소가 눈에 보이지는 않지만 블록체인을 통해 매끄럽게 연결되어 있다는 사실 또한 블록체인이 경계 없는 글로벌 네트워크임을 명확히 보여준다. 은행은 비트코인과 블록체인을 업신여기기보다는 블록체인이 글로벌 네트워크로 우뚝 섰을 때 펼쳐 보일 기량이 무엇인지 가늠해야 한다.

블록체인으로 실행되는 암호화폐 네트워크가 화폐 그 자체보다 중요성이 커질 것으로 보는 시각도 있을 수 있다. 새로운 탈중앙형 네트워크는 암호화폐 기반 토큰(블록체인에 귀속된 대용물)과 연계된 모든 디지털 자

---

3 SWIFT(Society for Worldwide Interbank Financial Telecommunications)는 전 세계 은행이 안전하고 표준화되고 신뢰할 수 있는 환경에서 자금 결제 및 메시지 교환 업무를 수행할 수 있는 통신망을 제공한다. http://swift.com/ (원주)

산, 금융상품, 실질 자산의 거래를 허용한다. 독립 실행형 지갑이든 중개형 계정이든 사용자는 이를 통해 기존에 돈을 가지고 하던 여러 일(구매, 판매, 결제, 월급 수령, 이체, 저축, 대출 등)을 그대로 할 수 있는 접근 권한을 가진다. 참고로 페이팔도 동일한 기능을 제공한다.

언젠가 우리 각자가 하나의 가상 은행이 될 날이 올 수도 있다. 월드 와이드 웹에 브라우저가 있었다면, 미래의 금융 네트워크에는 지금보다 발전한 암호화폐 지갑이 있을 것이며, 이 지갑은 각종 금융거래의 새로운 진입 지점이 될 것이다. 이 기술을 사용하는 사용자들이 납세의 의무를 준수하고 불법 또는 말썽을 일으키지 않는다면, 규제 기관들 역시 지나치게 엄격해질 필요 없이 블록체인과 함께 진보할 수 있을 것이다.

글로벌 은행의 탄생은 쉽지 않다. 역사적으로도 온라인 뱅킹만으로 글로벌 은행이 만들어질 수는 없다는 것이 증명되었다. 세계 최초 인터넷 은행인 SFNB Security First Network Bank를 시작으로 1995년에서 2000년 사이 인터넷 전용 은행에 도전한 시도가 여럿 있었으나[4] 모두 해당 지역의 법적 규제에 발이 묶였다. SFNB, CompuBank, Net.B@nk, Netbank AG, Wingspan, E-LOAN, Bank One, VirtualBank 등은 모두 2000년 닷컴 붕괴 시기에 살아남지 못했다.

Atom, Tandem, Mondo, ZenBanx, GoBank, Moven, Number26 등 신생 온라인/모바일 전문 은행 및 금융 서비스 스타트업들은 기존 은행에 도전하는 차세대 서비스를 제공하고 있다. 하지만 그들의 목표가 서비스의 글로벌화라면 지역의 금융 규제 장벽을 무너뜨려야 한다.

당신이 밀레니얼 세대라면 수많은 대체 금융 서비스 업체를 두고 기존 은행을 고집할 이유가 없을 것이다. 특히 지난 10년간 시장에 발을 들

---

4 http://www.economist.com/node/348364 (원주)

인 혁신적인 핀테크 스타트업들이 있는 상황에서 말이다. 전형적인 '밀레니얼 세대의 금융 스택'은 핀테크가 제공하는 여러 서비스와 기존 은행이 내놓은 상품 중 가장 혁신적인 서비스 하나로 구성된다.[5]

현재 우리는 돈을 이체하는 데 기존 은행의 네트워크를 사용하지만, 미래에는 암호화폐 및 각국 통화 등을 이체할 때 블록체인 인프라가 사용될 수 있다고 믿는다. 즉, 기존 온라인 은행 계좌로 암호화폐가 통용되기에 앞서 암호화폐 지갑과 환전 중개 계좌에 실질 화폐가 먼저 유입될 수 있다는 의미이다.

백엔드 역할의 은행

미래에는 사람들이 스마트폰이나 앱, 암호화폐 계좌 또는 웹 서비스를 통해 직접 외부로 돈을 이체하고 거래를 수행할 것이기 때문에 은행은 백엔드 또는 보조lateral window 역할을 하게 될 수도 있다. 비록 진정한 글로벌 은행이나 거래소가 당장 나타날 가능성은 희박하지만, 그래도 글로벌 은행 같은 분위기를 조성하는 일은 필요하다. 이 경우 은행은 금융에 도달하는 다리의 역할은 하되 당신의 지갑을 통제하지는 못한다.

은행 계좌를 외부 서비스와 앱에 더 많이 연동할수록 탈중앙화된 은행의 세상에 살고 있다는 사실을 더욱 강하게 느낄 것이다. 이는 이미 하나의 트렌드로 자리 잡기 시작하여 그 빈도와 영향력이 늘어나고 있다.

아래의 예시를 통해 트렌드를 파악해보자.

• 어떤 행사를 개최하고 참석자들로부터 입장료를 걷는다면, 행사의 지불 프로세스를 은행 계좌에 연동해 속히 대금을 걷을 수 있다. 가령 결제 처리자

---

5 http://www.sachinrekhi.com/my-financial-stack-as-a-millennial (원주)

역할이 가능한 페이팔을 통해 이벤트브라이트^{Eventbrite}**6**를 당신의 계좌로 연동하면 된다.

- 암호화폐 교환 계좌가 당신의 은행 계좌에 연동된다면 아주 값싼 수수료만 내고도 전 세계 어디든 10분 안에 암호화폐를 송금할 수 있으며, 다른 은행 계좌로도 이체가 가능하다. 대다수의 거래소들은 송금, 수표, 우편환, 웨스트 유니언, 신용/직불 카드, 비자, 페이팔, 버추얼 비자 등을 이용하여 무료로 돈을 예치 또는 인출할 수 있는 서비스를 제공한다. 또한, 일부 거래소는 다양한 종류의 암호화폐를 시중에서 널리 쓰이는 미화, 캐나다 달러, 유로, 파운드, 엔으로 실시간 환전해주는 서비스도 제공한다. 이처럼 기존 은행의 지점을 방문해야만 받을 수 있는 서비스보다 훨씬 대단한 기능들이 이미 제공되고 있다.

- 킥스타터 같은 크라우드펀딩 캠페인을 진행한다면 당신의 은행 계좌도 연동해야 한다. 펀딩이 성공적으로 완수되면 모금액은 자동으로 해당 계좌에 송금된다.

- 애플페이 계정을 연동했다면 결제 즉시 당신의 은행 계좌나 신용카드 계좌에서 실제로 돈이 인출된다.

- 우버는 당신의 신용카드에 금액을 청구하기 위해 자동으로 인출 요청^{pull} ^{request}을 한다.

- 지인 간 모바일 송금 서비스를 제공하는 벤모^{Venmo} 계정을 이용하면 당신의 은행 계좌에 해당 액수가 쉽게 이체된다.**7**

---

6 공개 이벤트를 생성하고 참여자를 모집할 수 있는 이벤트 관련 글로벌 마켓플레이스
7 벤모에 신용카드나 계좌번호를 등록해놓고 송금이 필요할 경우 주소록이나 페이스북 계정을 이용해서 수신자를 지정하고 송금 금액과 메시지를 보내기만 하면 개인 간 송금이 가능하다.

관련된 사례가 많지는 않아도 중요성은 매우 크다. 여기서 핵심은 소비자들이 기존 은행 계좌가 제공하는 기능보다 훨씬 흥미로운 일들을 일련의 신규 보조 서비스를 통해 할 수 있다는 것이다. 더 나아가 은행만으로는 이런 연동 기능이 불가능하기 때문에 필연적으로 이런 새로운 중개자들을 이용해야 한다는 사실이다. 새로운 서비스들은 기존 은행 계좌의 속박으로부터 우리를 자유롭게 한다.

리테일 분야에 종사하는 상인들은 기존 은행과 신규 서비스 두 가지가 상존하는 상황을 일정 기간 체험한 바 있다. 그들은 소비자들로부터 돈을 받는 POS 단말기를 통해 금액이 자동적으로 그들의 은행 계좌에 이체되는 것을 지켜보았다. 이것이 그 전에는 상인들 사이에서 일어나는 연동 서비스였다면 이제는 그 수혜 범위가 소비자들까지 확대된 것이라 할 수 있다.

현재 시계추는 지역 연계와 글로벌 연계의 경계를 오가고 있다. 은행은 태생부터 지역의 지지에 기반을 두었고 이후 엄청난 비용과 노력을 들여 은행들 사이의 글로벌 연계용 네트워크를 구축했다. 그 네트워크는 회사 사유私有일 뿐만 아니라 유지비 또한 컸다. 반면, 글로벌 역량을 가진 비트코인과 블록체인이 등장하면서 지역의 경계 없이 매끄럽게 연계된 글로벌 네트워크가 가능해졌고, 사람들의 은행 계좌를 통해서 지역의 사용자들과 지역의 연계를 끌어모아 이 네트워크의 범위를 확장하는 단계에 있다. 당신의 은행 계좌가 어느새 금융 네트워크의 글로벌 클라우드에서 하나의 노드가 되는 것이다.

은행들은 과도한 지역 유착으로 금융 서비스 측면에서 더 개방된 글로벌 웹에 참여할 수 있는 역량을 스스로 감퇴시켜왔다. 그 결과 이들은 돈이 네트워크를 통해 유입되고 유출되는 지점일 뿐, 더 이상 통화의 주요 유통 경로로 이용되지 못할 전망이다. 은행이 암호화폐가 상존하는 신세계로 통하는 문의 수가 늘어나는 상황을 아무 대책 없이 허용한다면 결국 고립되거나 암호화폐 세상을 외부에서 관망만 하게 될 것이다.

물론 지역 경계를 비롯한 정부 규제는 소비자들이 개인 정보를 보호할 수 있는 장치로 작용하기도 했다. 그럼에도 규제는 자연적으로 지역의 진입 장벽을 더욱 높이는 방향으로 흘러갈 것이며(경쟁 때문에), 사업은 웹의 틈새에서 일어나고 있기 때문에 사람들은 더욱 글로벌하고 매끄럽게 연결된 서비스를 찾을 수밖에 없다.

뱅킹의 탈중앙화는 코앞에 와 있다. 아직 고르게 분배되지 않았을 뿐이다.

규제 속의 블록체인 vs. 고삐 풀린 혁신

비허가permissionless 블록체인(공개되어 누구나 참여 가능)과 허가permissioned 블록체인(비공개로 설정되어 초대를 통해서만 참여 가능)은 그에 뒤따르는 혁신의 정도에 따라 구분한다.

혁신은 기본적으로 허가가 필요 없는 상태에서 시작되어야 한다. 이때문에 허가가 필요한 비공개 블록체인은 혁신의 가능성이 일정 부분 제한된다. 기술과 규제는 뗄 수 없는 사이기 때문에 규제가 존재하는 한 적어도 최소한의 혁신의 한계는 있다.

금융 서비스 시장을 보면 알 수 있다. 이 시장은 블록체인을 온몸으로 수용하는 듯 보이지만 사실은 그들이 지켜야 하는 규제의 틀 내에서 블록체인을 받아들이고 있다. 혁신을 완전히 창조하는 것이 아닌 '선택적 혁신 적용'이다. 따라서 그들의 혁신은 한정적이다.

이 같은 사실을 나는 '규제의 딜레마'라고 부르고 싶다. 혁신 기업의 딜레마에서 따온 명칭이다. 혁신 기업의 딜레마와 마찬가지로, 기업들은 준수해야 하는 규제로부터 해방되기가 쉽지 않기 때문에 어떤 기술을 대할 때 규제의 틀을 넘어서지 않는 선에서만 바라보게 된다. 이 때문에 은행은 블록체인의 엄청난 잠재성을 두고도 여느 보통 기술과 다름없이 대하며 제한된 규제 속에서만 구현하려 하는 것이다.

블록체인의 혁신 잠재력

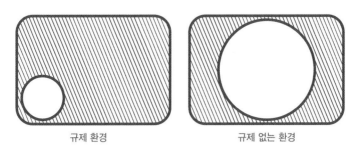

규제 환경   규제 없는 환경

© William Mougayar, 2016

규제의 틀 밖에서 혁신을 시작하는 것이 훨씬 쉽지만, 그렇게 할 수 없는 은행은 결국 혁신 잠재력을 줄일 수밖에 없다.

블록체인 혁신 그룹 바클리스Barclays의 수장 사이먼 테일러Simon Taylor는 이렇게 얘기했다.

> 블록체인에서 최적의 사용자 시나리오는 아마도 금융 서비스 영역의 밖에서 일어날 것입니다. 클라우드와 빅데이터를 가장 잘 활용하는 사람들 역시 우리가 익히 아는 블루칩 기업들이 아니죠. 다만 금융시장이 블록체인에 대해 품고 있는 호기심만큼은 블록체인에 투자하고 이 기술을 우리 세상에 널리 퍼뜨리는 데 큰 가치가 있습니다.

나 역시 이에 동의한다. 은행들이 블록체인에 관한 경험을 쌓고 더욱 잘 이해하게 되면 이 기술의 혁신 잠재력을 키우는 데 분명히 기여할 것이다.

마지막으로 은행에 전하고픈 메시지가 있다. 은행 스스로 블록체인을 대대적인 혁신으로 바라봐야만 비로소 그것이 경쟁 우위 요소가 된다는 점이다. 그렇지 않으면 혁신의 크기는 현실의 규제를 못 이겨 상당 부분 축소될 것이다.

은행이 블록체인을 잘 활용하여 성공하는 것을 보는 것도 좋겠지만 그에 앞서 블록체인이 가진 역량을 유심히 잘 살폈으면 좋겠다. 블록체인을 그들 자신을 위해 쓰기 이전에 고객에게 더 나은 서비스를 제공하겠다는 일념으로 접근하기를 바란다. 아무도 상상하지 못한 방식의 사용자 시나리오를 창출하는 일에 도전해야 한다.

금융 서비스 시장 속 블록체인 기업들의 현주소

2015년 말, 나는 금융 서비스 시장 속 블록체인 기업들의 현주소에 대한 문건을 발표했다. 이 문서는 27개 카테고리와 268개 기업 목록으로 구성되어 있다.[8] 그리고 연이어 분석을 곁들인 자료[9]를 슬라이드셰어를 통해 공유하여 한 달에 17만 5천 건의 조회수를 기록했다.

금융 서비스 시장을 겨냥한 블록체인 기업은 세 가지 영역으로 나뉜다.

1. 인프라와 기본 프로토콜

2. 미들웨어와 서비스

3. 앱과 솔루션

---

8 http://startupmanagement.org/2015/12/08/update-to-the-global-landscape-of-blockchain-companies-in-financial-services/ (원주)

9 http://www.slideshare.net/wmougayar/blockchain-2015-analyzing-the-blockchain-in-financial-services (원주)

다음의 표는 이 시장에 참여하는 기업과 작용하는 시장의 힘을 나타낸다.

앱과 솔루션

중개 서비스	매매 플랫폼
암호화폐 거래소	급여 지급
소프트웨어 지갑	보험
하드웨어 지갑	투자
상인 및 소매 금융	대출
금융 데이터 제공 업체	글로벌/지역 금융 서비스
무역 금융 솔루션	자본 시장 솔루션
컴플라이언스 및 신원 정보	현금 입출금기
지불 방식 통합	

미들웨어와 서비스

기술 서비스 제공자	범용 API
블록체인 플랫폼	특수 목적의 API
소프트웨어 개발 환경	스마트 계약 툴

인프라와 기본 프로토콜

공개 합의 블록체인	마이크로 거래 인프라
비공개 합의 블록체인	채굴자

© William Mougayar, 2016

금융 서비스 관련 블록체인 앱

내부 구조를 구현하는 측면에서 볼 때 금융 서비스에서의 블록체인은 주된 애플리케이션 영역의 단계별 분할에 맞추어 진화를 이룰 것이다.

- 소비자 대면 상품
- B2B 서비스
- 무역 및 자본 시장

- 백엔드 처리
- 산업 간 중개 서비스

아래의 다이어그램은 시간의 경과에 따라 점차 구현이 복잡해지는 각 카테고리가 어떤 상황을 직면할 것인가를 나타낸다.

금융 서비스에서의 블록체인

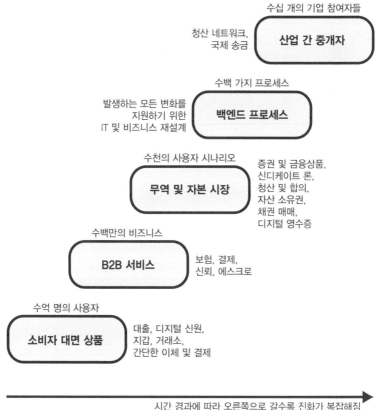

ⓒ William Mougayar, 2016

이를 실제 실현하고 있는 사례들이 나타나기 시작했다. 이를 통해 우리의 미래를 들여다보자.

- 2015년 11월 컨센시스ConsenSys는 신원 정보, 평판 정보, 일반 원장 등의 구성 요소를 활용하여 두 당사자 간의 총 수익 스왑 금융 계약[10]을 시연했다. 이 계약은 마이크로소프트 애저 클라우드 플랫폼에서 구동되었다.
- 2016년 2월 클리어매틱스Clearmatics는 DCN(탈중앙화 청산 네트워크)이라는 장외 파생상품 거래용 새로운 청산 플랫폼을 개발 중이라고 발표했다. 이 플랫폼은 다수의 청산 회원으로 구성된 컨소시엄이 중앙청산소(CCP)나 제3자의 중개 없이 자체적으로 계약의 완료, 가치 평가, 증거금 계산, 축소 거래 등을 자동화할 수 있도록 지원한다.[11]
- 2016년 3월, 40여 개 세계적 은행들이 다섯 가지 서로 다른 블록체인 기술 (R3 CEV 컨소시엄의 일부)을 이용하여 채권 거래 시험 시스템을 시연하였다.
- 2016년 3월 케임브리지 블록체인이 설계한 채권 거래 프로세스는 블록체인을 통해 쌍방 간 검증이 가능하고, 자동화를 통해 각 사용자가 프라이버시는 침해당하지 않으면서 신원 검증 및 컴플라이언스에 필요한 일부 신원 정보를 선택적으로 공개할 수 있도록 했다.

위 사례들에는 공통점이 있다. 바로 거래의 전 과정이 P2P 기반으로 처리되고, 중간에 중앙 중개자나 청산소가 없다는 것이다. 거래 당사자들은 서로 알 필요가 없고 거래를 중개하는 제3자도 필요 없다. 탈중앙화 그리고

---

10 총 수익 스왑 거래는 대출금이나 유가증권 등 기초 자산에서 나오는 수익을 계약 쌍방이 서로 교환하는 신용 파생 거래이다.

11 http://www.ibtimes.co.uk/ethereum-inspired-clearmatics-save-otc-markets-eternal-darkness-1545180 (원주)

P2P 기반 거래 승인, 이 두 가지는 블록체인의 잠재성을 극대화하는 주요 혁신이다. 대개 거래 당사자들의 신원과 평판은 지갑의 주소, 또는 내장된 자금세탁방지(AML)/고객알기제도(KYC) 증명이나 추가적인 요건을 통해 블록체인에서 자동적으로 검증된다. 이후 거래 약관이 스마트 계약에 추가되고 블록체인에 공표된다. 이 과정에서 관련 규제 동의서(ISDA[12] 등의 주요 동의서)도 탈중앙화 P2P 파일 분산 프로토콜(IPFS 등)에 저장된다. 마지막으로 보고 단계는 컴플라이언스 요건을 수행하는 표준 데이터베이스에서 이루어지는데, 여기서 중앙집중형 데이터베이스를 사용한다면 P2P의 순도는 떨어지는 셈이다.

블록체인이나 분산 합의 원장 솔루션이 적합한 애플리케이션이 주변에 많이 존재한다. 여기서 모든 것을 나열할 수는 없지만 몇 가지를 소개한다.

- 채권
- 스왑
- 파생상품
- 소비재
- 상장/미상장 증권
- 주식 장외거래
- 담보 운용
- 신디케이트 론
- 창고증권
- 환매 시장

---

[12] 국제스왑파생상품협회(International Swaps and Derivatives Association)

금융 서비스를 위한 전략관련 질문 모음

테마 1: 블록체인은 은행 업무의 핵심을 건드린다. 은행은 어떻게 반응해야 할까?

2장에서 **자산, 신뢰, 소유권, 화폐, 신원, 계약** 여섯 가지의 앞 글자를 딴 ATOMIC으로 블록체인의 프로그래밍 가능성을 소개한 바 있다. 거기에 추가적으로 블록체인은 **탈중앙화, 탈중개화, 분산 원장**으로 이루어져 있음을 얘기했다. 여기까지 들으면 아마 대다수의 분야가 은행 업무의 핵심을 관통한다는 것을 알아차릴 수 있을 것이다. 단 하나의 기술이 당신의 비즈니스 모델의 핵심 역량 대부분을 건드리고 있다면, 도전에 직면할 수 있음을 명확하게 인지하고 주의를 기울여야 함이 마땅하다. 은행들은 블록체인의 주요 변수를 하나씩 차근히 들여다보고 대비책을 강구해야 한다. 보고만 있어서는 안 되는 상황이다.

테마 2: 따르거나, 이끌거나, 크게 도약한다

금융 서비스 기관들은 세 가지 중의 하나를 선택할 수 있으나 가능하면 세 가지를 동시에 시도하는 것이 바람직하다.

1. **따른다.** 블록체인이 어떤 부분에 기여할 수 있을지 알아내기 위해서 금융기관은 컨소시엄, 표준 단체, 오픈 소스 프로젝트 등의 협력 방법을 취할 수 있다. 이로써 은행 간의 관계를 돈독히 할 수도 있고 조직 내부에서 유용한 기술과 베스트 프랙티스를 창출하여 조직원의 경험을 신장시킬 수 있다.

2. **이끈다.** 사업의 여러 부분 중 블록체인을 이용하여 간소화하고 능률을 제고할 수 있는 부분을 찾아 실행 계획을 세우고 이를 실현하는 것을 말한다. 기량 높은 내부 조직원들 혹은 이 기량을 지원해줄 수 있는 외부 서비스 업체가 필요하다.

3. **크게 도약한다.** 이 방식은 당신의 비즈니스 모델의 틀을 벗어나 새로운 혁신 영역 내에서 생각해야 하므로 가장 어려울 수 있다. 따르거나 이끄는 경우는 대개 비용 절감이나 업무 프로세스의 간소화라는 결과를 얻는 반면, 도약은 새로운 시장에서 새로운 수입원을 창조하며 매출을 증진시키는 결과를 안겨준다.

테마 3: 규제, 규제, 그리고 또 규제

금융 서비스 규제 기관의 수는 시중의 아이스크림 종류만큼 많다. 150개국에 200여 개 규제 기관이 존재하며, 그중 다수의 기관은 블록체인을 두고 규정을 어떻게 제정할지 고민하고 있다.

어느 한 규제 기관이 다른 기관들과의 협의 없이, 또는 그 규정으로 인해 초래되는 결과를 심각하게 고려하지 않고 블록체인에 대한 규제 사항을 만들었다고 가정해보자. 세상은 혼란의 연속일 것이고, 어쩌면 블록체인 기술 산업 전반이 그 혼란으로 인해 사장당할 수도 있다.

상품선물거래위원회(CFTC) 위원장 J. 크리스토퍼 잔카를로J. Christopher Giancarlo는 2016년 3월 증권예탁결제원(DTCC)이 주최한 콘퍼런스에서 이에 대한 생각을 밝혔다.

> 블록체인은 규제가 시작되면 도처에서 억압하려는 시도가 끊이지 않아 기술이 결실을 제대로 보지도 못하고 시들어버릴 수 있습니다.

인터넷 도입 초기의 정부 관계자들 및 정책 입안자들은 영민하게도 규제를 서둘러 시행하지 않아 인터넷의 성장에 큰 기여를 했다. 현재 금융 서비스 기관들은 규제 앞에 속수무책인 블록체인과 직면해 있다.

은행은 진퇴양난에 빠져 있다. 블록체인은 글로벌을 추구하지만 규제는 지역 수요를 충족하도록 강요한다. 규제가 은행을 보호해온 면도 있지만 앞으로는 부정적인 영향을 초래할 수도 있다. 은행이 진화하지 않는다면 말이다.

테마 4: 블록체인 거래의 합법화

다양한 블록체인 기반의 비즈니스 간 상호작용이 훨씬 활성화되려면 블록체인에서 처리되는 거래가 법적 구속력을 가지고 컴플라이언스 요건을 만족시켜야만 한다. 이는 문서 기록 관리나 컴플라이언스 규칙을 다시 검토하는 일을 포함한다. 적어도 블록체인을 통한 거래를 규제하는 법을 막아야 하고, 적어도 그 기술이 가진 역량을 펼쳐나갈 수 있도록 여러 시도를 할 수 있게 허용해야 한다.

혹자는 "신뢰가 블록체인의 핵심 이네이블러라고 하던데, 은행들은 이미 서로 신뢰하고 있지 않은가? 그런데도 군이 '신뢰 네트워크'가 필요한가?"라고 회의적인 질문을 할지 모른다. 현재의 신뢰 시스템은 지나치게 많은 비용을 발생시킨다. 비용의 일부는 규제에서 비롯되고, 또 다른 일부는 각기 다른 시스템을 사용하는 금융 서비스 기관들 사이의 통합에서 발생하고 있다. 결산 업무가 지연되어 발생하는 간접 손해도 생각해봐야 한다. 이런 비용을 없애야 할 시기가 왔다.

테마 5: 은행들은 진보된 금융 네트워크를 원할까?

은행은 저마다 고유의 시스템을 가지고 있어 그들 소유에 있는 자산을 이동시키기 위해서는 은행 통제권에 있는 사설망을 사용해야 한다. 이를 둘러싼 많은 규제와 다자간의 중개 과정 때문에 은행 기관 간에 일어나는 청산 업무는 으레 며칠씩 걸린다.

블록체인은 원장 하나만 가지고도 강력한 비전을 제시하며, 은행들이 서로를 고립시키는 사설망에 언제까지 의존할 것인지에 의문을 던진다. 지역 구분 없이 동일한 공개 감사 추적 기능을 가진 글로벌 거래는 위험은 낮추고 통찰력은 높여준다. 핀테크와 암호학 분야에서 명망 높은 AML 및 위기 대응 전문가 후안 야노스Juan Llanos는 이메일에서 다음과 같이 밝혔다.

> 오늘날의 AML 패러다임은 사내 거래 모니터링보다는 고객 알기 의무 제도customer due diligence13를 적극적으로 활용합니다. 그런데 블록체인 기술을 이용하면 예전에 비해 훨씬 질 높은 거래 분석을 할 수 있어요. 이전에는 금융기관들이 회사별로만 거래 분석을 할 수 있어서 그 정보를 공유하려면 문서 같은 아날로그 수단을 써야 했습니다. 그에 반해 블록체인을 사용한 네트워크 기반의 분석은 산업과 법적 관할의 경계에 구애받지 않아요. 덕분에 이제 금융기관들은 고객 알기 의무 제도를 포함한 KYC의 여러 수단을 거치지 않고도 고객이 금융기관을 사용하는 목적이 적법하고 투명하게 드러나도록 할 수 있어요.

사법 당국과 규제 기관이 과연 이런 변화의 흐름을 수용할 것인지가 관건이다. 블록체인을 통한 분석 관리 감독은 정보의 투명성을 높이므로 장기적으로 컴플라이언스 요건을 살피는 일이 대부분 인공지능 기술의 몫이 될 것이다.

---

13 고객이 금융기관을 이용하여 자금 세탁 등 불법행위를 저지르지 못하도록 금융기관이 사전에 거래 목적, 실소유자 여부 확인 등 고객에 대해 주의를 기울이는 제도로서, 고객알기제도(KYC) 중 하나이다.

테마 6. 은행은 완전히 탈바꿈할까, 약간의 개선에 그칠까?

기본적으로 은행은 그들의 업무에 변화가 일어나기 바라지 않는다. 스타트업은 그런 은행들의 업무를 바꾸고자 한다. 그리고 블록체인은 이 세상을 변화시키고자 한다. 이것이 바로 딜레마이다.

은행은 블록체인을 미봉책으로 활용할 것인지 완전한 새로운 기회로 받아들일 것인지 정해야 한다. 나는 은행이 암호화폐 거래소를 수용하든가 아예 사들일 것을 주장했다. 비트코인 거래를 활성화하고자 한 말이 아니다. 암호화폐 거래소야말로 자산, 금융상품, 디지털 자산을 안전하고 빠르게 이동시킬 수 있는 차세대 금융 네트워크이기 때문에 그런 제안을 한 것이다. 즉, 현재까지 금융 서비스 산업이 의존해온 네트워크의 중앙 중개자들, 그리고 그 중개자들에게 수수료 명목으로 지불해야 했던 불필요한 비용 없이도 모든 업무를 처리할 수 있다.

1. 금융 서비스 기관이 블록체인의 모든 것을 수용하길 바라는 것은 과욕이다. 현실적으로 보았을 때 도입 초기에는 원하는 일부만 선택하여 수용할 것이다.

2. 비록 진정한 글로벌 은행이나 거래소가 당장 나타날 가능성은 희박하지만 여전히 글로벌 은행의 분위기를 조성하는 일은 필요하다.

3. 금융 서비스 시장은 블록체인이 이룬 혁신을 도입하기 위해 기존 규제를 갱신하는 동시에 새로운 규제의 도입을 늦출 방안을 강구해야 한다.

4. 중앙청산소 없이 거래를 수행하기 위해 블록체인을 여러 가지 시험대에 올리려는 시도가 일어나고 있다. 신원 확인 및 거래 쌍방 간의 확인은 블록체인에서 P2P 방식으로 이루어질 수 있다. 기존 조직들은 이 방식을 완벽히 구현할 수 있도록 지속적으로 노력해야 한다.

5. 전략적 결정이 금융기관을 기다리고 있다. 금융기관은 안주하지 말고 용감무쌍한 도약 정신을 가져야 한다.

5장

블록체인의 이정표 산업들
그리고
새로운 중개자의 등장

"경험을 토대로 배운다는 생각은 어리석다.
나라면 다른 이의 실수를 반면교사 삼되
자신의 실수는 최소화할 것이다."

– 오토 폰 비스마르크 수상

이번 장은 블록체인이 은행 또는 금융시장이 아닌 제3의 산업에 어떤 영향을 끼칠지 알아본다.

기업의 테두리에서 잠시 벗어나보면 이 세상에는 블록체인이 쓰일 만한 훨씬 거대하고 세계적인 문제들이 존재한다. 그 문제들은 우리의 경제, 산업, 정부, 사회와 관련되어 있고 그중 일부는 철학이나 이념에서 비롯된 것도 있다. 현재 당신이 걱정하고 있는 세계적 이슈는 무엇인가? 그 속에도 블록체인의 탈중앙화 속성을 이용한 해결 방안이 숨어 있을지 모른다.

블록체인을 이용한 진정한 혁신을 원하는가? 그렇다면 그 혁신 안에서 기존의 중앙집권적 조직은 찾아보기 어려울 것이다. 신규 스타트업들은 중앙집중형 서비스에는 전혀 관심이 없으며, 블록체인의 탈중앙화 기능을 가지고 더 양질의 서비스를 구축하려 시도할 뿐이다.

블록체인을 둘러싼 또 하나의 새로운 패러다임은 바로 데이터와 프로그램의 공개다. 엄밀히 말하면 정보가 암호학을 기반으로 정교하게 보안

되어 있고 접근 권한이 부여된 자에게만 공개되므로 반공개라는 표현이 더 적합하다. 이는 누구나 블록체인에 데이터를 올려놓을 수 있다는 말이다. 이제까지 모든 중요 정보는 숨겨진 데이터베이스나 물리적인 서비스 데스크에 보안되었고 우리가 무언가를 검증하려면 이러한 장소로 이동해야만 했다. 향후에는 보안 걱정 없이 데이터를 노출하고 데이터베이스를 없애버리는 데 익숙해질 것이다.

우리는 전통적인 컴퓨팅 환경보다 훨씬 보안이 강화된 공개 인프라에서 프로그램을 안전하게 구동할 수 있다는 사실에 확신을 가져야 한다. 블록체인 인프라는 다중화redundancy1가 다수 내장되어 있으며, 회복력 또한 월등하다.

새로운 중개자의 등장

사실 기술의 위협을 받는 기존 중개자들은 여간해서 잘 없어지지 않는다. 약해지고 있지만 끝까지 맞서 싸운다. 신문, 케이블TV 공급자, 여행사 등이 그 예다.

블록체인은 중앙청산소, 공증인, 에스크로 서비스, 신뢰 관련 서비스업체 등 오래된 중개자들을 공격하고 있다. 블록체인은 지속적으로 기존 중개자들의 기능을 대체하여 그들의 영역을 축소하면서 다른 한편으로 신규 참여자가 등장할 수 있도록 돕는다.

처음에는 블록체인 기반 서비스들이 기존의 주류 서비스를 '대체'하는 부속물처럼 보일 수 있다. 인터넷 또한 그렇게 시작했다. 그러나 사용자 수가 늘어나면 주류로 진입하게 된다.

언번들링은 새로운 중개자가 탄생하는 주요 이유다. 언번들링은 기

---

1   동일한 시스템이 복수로 갖춰져 있어 장애 발생 시 다른 시스템이 기능을 대체하는 특성을 말한다.

존에 있던 기능들의 일부 계층을 부숴 진입 장벽을 낮추고 이를 공략하는 신규 중개자들이 등장할 수 있는 토대를 만든다. 핵심 요소 주변에 언번들링이 시작되면 더 이상 그 핵심 요소는 보호받지 못한다.

웹은 신문, 엔터테인먼트 미디어, 여행사를 대체한 신규 중개 플랫폼이었다.

그럼 블록체인을 기반으로 등장할 신규 중개자는 누구일까?

신뢰 증명 기관

우리는 머지않아 '모든 것이 증명 가능한 세상'을 만날 것이다. 신뢰를 확인하는 일은 구글에서 정보를 검색하듯 쉽고 물 흐르듯 자연스러워야 한다.

다수의 블록체인 기반 서비스들이 새롭게 '신뢰 기관'으로서 활약하게 될 것이다. 우리가 타임스탬핑을 통해 한 일의 기록을 축적해나가면 다른 사람들은 당신이 그 일들을 검증할 수 있다. 아래의 사례를 살펴보자.

- **신원 증명**: 블록체인 기반의 증명 권한으로 당신의 신원을 인증한다.
- **존재 증명**: 오디오와 비디오를 녹음하거나 사진을 찍고 파일을 수신하여 증거로써 공유한다.
- **비즈니스로서의 오러클**: 오러클은 지속 갱신되는 유용한 정보를 보유하므로 참조 기관이 될 것이다.
- **서비스로서의 스마트 계약**: 브라우저에서 직접 스마트 계약 디렉터리를 열람할 수 있다. 예: 팩스 디렉터리Pax Directory 2
- **증빙 서류 증명**: 허가된 무기, 로또 티켓, 구급약, 낚시 허가증 등 구매 내

---

2 팩스 디렉터리는 이더리움 기반의 가상 국가 및 법률 제도 서비스이다. 스마트 계약을 이용하여 필요한 법적 관계를 공증하며 분쟁을 해결하고자 한다.

역을 증명한다.

- **위치 증명**: 특정 시점의 소재지를 증명한다.
- **소유권 증명**: 누가 무엇을 소유하고 있는지 확인 가능하다.
- **리드 제너레이션**Lead Generation[3] **증명**: 믿을 만한 잠재 고객에 관한 정보인지 아니면 단순한 사기꾼의 속임수인지 확인 가능하다.

분산된 자율 조직(DAO)의 등장

탈중앙화된 거버넌스decentralized governance란 대표적으로 거버넌스 및 운영이 블록체인에서 실행되는 분산된 자율 조직distributed autonomous organization(DAO)의 등장으로 설명할 수 있다. DAO야말로 탈중앙화된 비즈니스의 극치라고 말할 수 있다. 머지않아 누구나 별도의 허가 없이 DAO에서 '일하고' 그 대가로 경제적 보상을 받을 것이다.

암호화 기술 혁명의 이상적인 결과물이 바로 분산된 자율 조직(DAO) 혹은 분산된 자율 회사(DAC)다. 이 개념은 오리 브라프먼이 『불가사리와 거미』(리더스북, 2007)에서 소개한 '조직 분권화', 그리고 요하이 벤클러가 『네트워크의 부』(커뮤니케이션북스, 2015)에서 서술한 '동등 계층 생산 방식'에서 유래했다. 그 두 가지 테마가 근래 암호화폐 관련 기술과 합세하여 댄 래리머Dan Larimer는 비트코인을 두고 최초의 DAC라고 주장했고, 비탈리크 부테린은 더 나아가 비트코인을 '자본을 내재한' DAO라고 정의했다. 여기에 크라우드펀딩 관련 규제 완화와 각종 서비스의 언번들링까지 가세했다. 그리고 이 모든 것에 암호 기반 거버넌스 계층의 기술과 신뢰 인증의 자동화라는 강력한 터보 엔진이 장착되어 "부패가 원천 봉

---

3   리드란 어떤 상품 또는 비즈니스에 관심을 보이는 잠재 고객이며, 리드를 유인하고 발굴하는 행위를 리드 제너레이션이라고 한다.

쇄된 비즈니스 규정하에 인간의 개입 없이 운영"되는 DAO가 구현된다.[4]

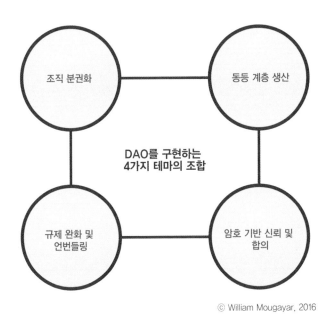

조직 분권화

동등 계층 생산

**DAO를 구현하는
4가지 테마의 조합**

규제 완화 및
언번들링

암호 기반 신뢰 및
합의

© William Mougayar, 2016

물론 DAO를 운영하기에는 아직 심층적인 현실 조사나 경험이 불충분하다. 정해진 매뉴얼을 따른다고 해서 모든 DAO가 손쉽게 만들어지는 것도 아니다. 실제 적용을 위해 DAO의 원칙을 변경하거나 일부분만 적용하는 사례도 발생할 것이다.

그렇다면 어떻게 안정적으로 DAO를 운영할 수 있을까?

암호 기술만 가지고 DAO의 성공이 보장되는 것은 아님을 잊지 말자.

계획 단계에서부터 DAO를 추구하는 것도 가능하지만 단계적으로 DAO의 형태로 발전해나가는 경우도 생각해볼 수 있으며, 기존 조직 형

---

4 https://letstalkbitcoin.com/bitcoin-and-the-three-laws-of-robotics#.UjjO0mTFT7v (원주)

태에 DAO 구조를 일부 도입할 수도 있다. 만약 DAO가 인공지능이나 스마트 프로그램을 통해 일을 수행하는 자율 에이전트를 구동하는 해탈의 경지에 이른다면, 차후의 진화 과정은 다음과 같은 단계를 따를 것으로 예측한다.

- **참여**: 사용자들은 통제가 느슨한 작업들에 자발적, 독립적으로 참여한다.
- **협력**: 사용자들은 동일한 목표나 목적의 달성을 위해 협업하고 부가가치를 생산한다.
- **협조**: 사용자들은 공조로 발생한 이익 중 일부를 보상 차원에서 돌려받고자 한다.
- **분산**: 기능들을 더 넓은 네트워크 전반에 확장 및 전파하기 시작한다.
- **탈중앙화**: 주변으로 더 많은 권한을 이양하여 확장성을 키운다.
- **자율성**: 자율 에이전트, 스마트 프로그램, 그리고 (추후) 한껏 진보된 인공지능과 AI 알고리즘은 조직의 중심과 주변부에 걸쳐 자기 조달 능력과 부가가치 생산을 이룩한다.

DAO를 실행으로 옮기기 위해 차근차근 풀어나가야 할 숙제의 체크리스트를 제시한다.

1. **범위**: 사용자, 그리고 그들의 행동을 지원하는 시스템의 구조적 기반이 진화의 중심이다. 참여적, 협동적, 협력적 기능은 사용자를 기반으로 하는 반면 분산, 탈중앙화, 자율적 기능은 시스템 구조를 기반으로 한다.
2. **소유 권리 형태**: DAO에 참여하는 방법은 세 가지가 있다. 먼저 주식, 암호화폐, 토큰을 구매하는 방법, 두 번째는 남에게 양도받는 방법, 끝으로 직접 벌어들이는 방법이 있다. 벌어들이려면 능동적 또는 수동적 작업이

필요하다. 능동적 작업은 버그 탐색, 소프트웨어 개발, 선의의 해킹 등 DAO가 요구하는 특정 임무를 수행하는 것이다. 수동적 작업은 당신 컴퓨터의 계산 능력, 인터넷 접근 권한, 저장 공간, 심지어 당신이 소유한 데이터를 공유하는 일을 말한다.

3. **가치의 단위:** 다양한 형태로 당신 지분의 몫이 주어진다. 전통적 수단은 물론 주식(또는 주식에 대한 보증 또는 옵션)일 테지만 이외에도 포인트, 토큰, 보상, 암호화폐 등으로 주어질 수도 있다. 토큰은 어떤 상품의 내재적 가치에 대한 사용권 또는 소유권을 지칭하기도 하므로 다수의 목적을 띤다.

4. **거버넌스의 투명성:** 거버넌스 권한을 얻는 것은 쉽지 않으나 반드시 필요한 절차다. 자율이 곧 무정부 상태는 아니기 때문에, 이해 당사자들이 능동적으로 참여하든(투표, 관리, 규율 제정 및 준수 확인, 의사 결정, 보고, 규제 등) 혹은 수동적으로 참여하든(스스로 가치 있고, 존중받고, 정당하게 보상받고 있고, 권한이 주어졌다고 느끼는 경우[5]) 간에 어떤 요소가 거버넌스를 구성하는지 생각해봐야 한다. 거버넌스의 투명성은 언제나 보장되어야 한다.

5. **이익에 대한 가치 상승:** 기존에는 공동 이익에 대한 재분배를 위해 초과 이익공유제나 배당 등의 방식을 취했다. 하지만 DAO에서는 투표권, 특별한 권리 또는 지위가 부여될 수도 있다. 암호화폐든 암호로 보안 설계된 토큰이든 결국 가치 상승으로 인한 이익이 증가되어야 한다.

6. **암호 기반 기술:** 블록체인, 암호화폐 기반의 프로토콜, 플랫폼은 합의 방식을 위한 이네이블러에 불과하다. 전형적으로 이들은 모든 거래 및 스

---

5 https://www.usv.com/post/54c7abcd570e2300033262e6/do-peers-really-want-to-govern-their-platforms (원주)

마트 프로그램의 검증 가능성, 진실성, 무결성을 보장하는 오픈 소스 성격의 탈중앙형 합의이자 탈중앙형 신뢰 프로토콜이다. 이 프로토콜들은 이더리움과 비트코인처럼 일반적인 목적을 갖기도 하지만 자동차 공유 서비스로서 탈중앙형 교통수단을 제공하는 라주즈La'ZooZ나 탈중앙형 저장 공간 메이드세이프MaidSafe처럼 특정한 목적을 지니기도 한다. 기술 플랫폼에는 다음의 세 가지 기능 요소가 추가적으로 포함되어야 한다. 첫째, 사용자 데이터 층이다. 여기서 데이터는 해당 사용자가 소유하며 DAO가 특정 통계나 익명 형태 방식으로만 접근 가능하다는 가정을 내포한다. 둘째, 실제 거래 엔진 기능을 하는 스마트 프로그램이며 셋째, DAO의 보조 역할을 하게 될 부가가치 서비스 혹은 파트너들 간의 다양한 API가 필요하다.

DAO의 핵심 목표는 가치 창출이다. 이 목적을 달성하려면 사용자 행동과 그 행동이 조직에 가져오는 효과 사이에 특별한 연결 고리가 필요하다. 해당 가치는 기저에 깔린 암호화폐의 가치로 나타낼 수 있다. 이 부분에서 기업가의 창조 정신이 발휘되고 비즈니스 모델이 갖춰져야 한다.

가치 창출을 목적으로 하지 않는 것은 실패의 첩경이다. 대다수의 DAO가 도입 시기에는 이론적 형태에 머무를 가능성이 높다. 암호화폐의 크라우드세일[6]은 DAO를 출발 지점까지 데려가줄 뿐이다. 결론적으로 보면 DAO는 스타트업과 다를 바 없다. 성장하려면 제품/시장 적합성을 갖춰야 하고 비즈니스 모델을 제대로 구현해야 하며 다수의 사용자를 확보해야 한다. 초기에는 아마 수많은 가정이 난무할 것이다. 따라서 DAO가 상품 또는 서비스로서 실제 시장의 역동성을 거치고 DAO의 가능성

---

6 암호화폐 사용을 활성화하기 위해 일정량의 암호화폐를 일반 대중에게 판매하는 행위

이 증명되기 전까지는 마치 하나의 SF 프로젝트처럼 비추어질 수도 있다. DAO의 성공은 크라우드펀딩이 성공적으로 이루어졌는지가 아니라 시장에서의 지속 가능성으로 판명될 것이다.

DAO를 구현하고 싶은 주위의 갈망은 높으나 그 과정은 단계적으로 이루어져야 한다. 인위적으로 가속화할 수 없는 문제다. DAC와 DAO는 구현 상태에 따라 순도의 차이를 보이기 때문에 일정 비율만 DAC를 차용한 기업이 등장할 것이다.

블록체인의 이정표 역할을 할 산업

정부와 거버넌스

정부와 거버넌스 관련 애플리케이션은 블록체인 기술로 구현할 적당한 시기가 되었다. 범주에 따라 세 가지로 구분할 수 있다.

1. 국가, 주, 도, 카운티, 도시 등 지방자치제로서 현존하는 법적 관할권
2. 국가 또는 조직을 위한 가상의 거버넌스
3. 기업 이사회 거버넌스

물리적 실체가 있는 기존의 정부들은 그 기능 중 일부를 블록체인을 통해 실행하면서 현재 제공하고 있는 e서비스에서 한 걸음 더 진화할 것으로 보인다.

기존 정부용 블록체인 기반 서비스 사례	
혼인 신고	자산 소유
구매 입찰	차량 등록
여권 발급	특허
정부 보조금 수혜	세금
토지 등록	투표
면허증	국채
출생 증명	공공 기록물과 컴플라이언스

그러나 각 정부가 이런 진화된 서비스를 실제 적용하기까지는 상당한 시간이 걸릴 것이다. 먼저 블록체인을 활용한 프로젝트의 파급력과 결과를 분석하는 것으로 시작할 것이고 그다음에는 확장성을 해결하기 위한 요구 조건을 평가할 것이다. 정부 제공 서비스에 실패라는 꼬리표가 붙어서는 안 되므로 그들이 갖는 기대치는 굉장히 높다. 국가, 주, 도시의 규모가 작을수록 블록체인의 확장성 문제에 당면할 소지가 적으므로 초기에 프로젝트를 시도하기에 유리할 수 있다.

비트네이션BitNation은 가상 거버넌스를 활용하면 어떤 것이 가능한지 보여준다. 법, 보험, 소셜, 보안, 외교 중 사용자가 필요한 서비스만 선택할 수 있는 DIY 성격의 서비스이다. 사용자가 자신의 법률 서류를 블록체인에 기록하고 그것의 존재를 타임스탬핑하여 영원히 보관할 수 있는 글로벌 공증 서비스 등을 제공한다.

에스토니아는 비트네이션 공증 서비스를 실행에 옮겼다. 예를 들어 비트네이션 공증을 통해[7] 혼인한 커플은 에스토니아 혹은 어느 특정한 관할권이 아닌 '블록체인 관할권'에서 혼인을 한 셈이다.[8]

---

7   https://bitnation.co/notary/ (원주)

우크라이나는 이더리움을 이용한 블록체인 기반 투표 플랫폼을 개척 중이다. 대통령 예비 선거, 일반 선거, 온라인 청원, 국민투표 등 다양한 규모와 형태의 선거를 지원할 예정이다.[9]

종래 기업은 블록체인을 이용한 이사회 거버넌스 플랫폼인 보드룸 BoardRoom[10]을 편리하게 사용할 수 있다. 특정 안건이 민주적 방식의 투표를 통해 탈중앙형 합의를 이루게 할 때 사용된다. 거버넌스 의사 결정을 자금 청산 기능과 직접적으로 연계하는 기능이 특히 흥미롭다. 보드룸의 창시자 닉 도드슨Nick Dodson은 다음과 같이 말했다.

> 보드룸은 투표를 통해 결의안이 통과되는 그 즉시 미리 정해진 규칙에 따라 수신자에게 자금을 송달합니다. 몇 주씩 걸리던 작업이 단숨에 해결되는 것이죠.

회사를 설립하고 블록체인을 활용해 거버넌스 사안을 처리하고 싶다면 오토노모스Otonomos[11]를 이용해 싱가포르, 홍콩, 영국에 있는 새로운 기업 하나를 '주문'할 수 있다. 주주들에게 주식 자본을 분배하거나 이사를 선임하고, 스마트 거래를 이용해 직원에게는 스톡옵션을, 투자자에게는 컨버터블 노트convertible note[12]를 발행할 수 있는데, 종이 한 장 거치지 않고 대시보드로 편하게 일을 처리할 수 있다.

---

8 http://www.ibtimes.co.uk/bitnation-estonian-government-start-spreading-sovereign-jurisdiction-blockchain-1530923 (원주)

9 https://bitcoinmagazine.com/articles/ukraine-government-plans-to-trial-ethereum-blockchain-based-election-platform-1455641691 (원주)

10 http://boardroom.to/ (원주)

11 https://www.otonomos.com/ (원주)

12 태환권(兌換卷). 동등한 가치만큼의 금과 교환이 보증된 지폐

DIY 정부 2.0에서 시도해볼 만한 응용 사례가 또 한 가지 있다. 어느 실제 국가의 정부가 파탄의 상황에 직면했다고 가정한다면 걱정에 휩싸인 시민들은 공정하고 신뢰성 있고 탈중앙화된 블록체인 거버넌스를 만들어낼 수 있다. 현재 우리 주위에는 허술하고 부패하여 실패한 나라가 적어도 50여 개는 존재한다.[13] 이들 국가가 블록체인 거버넌스의 도움을 받을 수 있다.

헬스케어

헬스케어 산업에 블록체인 기능이 활용되기만 하면 마치 진료 기록과 환자 데이터에 관한 프라이버시 침해 문제가 완전히 해소될 것이라 보는 시각이 있다.

그러나 이동 가능하면서도 통합된 진료 기록을 편찬하는 작업은 오랫동안 미완으로 남아온 숙제다. 블록체인이 헬스케어 및 관련 기술에 연관된 모든 문제를 해결할 수 있다고 기대하면 곤란하다. 특히 블록체인적 접근이 현존하는 법과 상충되는 경우에는 규제 장벽도 간과할 수 없다.

이론적으로는 구미가 당긴다. 당신이 진료 기록을 블록체인에 안전하게 기록하면 그 기록은 당신과 인가된 특정한 사람만 세계 어디서든 열람이 가능하다. 적어도 에스토니아 정부는 그것을 실현해냈다. 블록체인을 헬스케어 산업에 접목한 훌륭한 사례이다. 가드타임Guardtime이 개발한 대규모 무열쇠keyless 데이터 검증을 분산 원장 기술과 조합하면 시민들에게 실시간으로 자신의 진료 기록을 열람할 수 있는 신원 증명이 생긴다. 이를 시작으로 블록체인은 컴플라이언스 절차를 잘 처리하며 데이터 열람 내역을 빠짐없이 기록하고 명료한 관리 체계를 이어나갈 수 있다.[14]

---

13 https://en.wikipedia.org/wiki/List_of_countries_by_Fragile_States_Index (원주)

블록체인은 이외에도 헬스케어 산업에서 다음과 같이 활용될 수 있다.

- 다중 서명 프로세스와 QR 코드를 조합하여 진료 기록 전체 또는 일부의 접근 권한을 공인된 헬스케어 제공자에게 부여할 수 있다.
- 환자 데이터의 익명화로 프라이버시 침해는 막되 데이터 자체는 축적하여 공유한다. 이는 비슷한 질환을 비교하거나 연구하는 데 유용하다.
- 의료 처치 내역 또는 관련 사건을 기록하고 타임스탬핑한다. 이로써 보험 사기 건수는 줄고 헬스케어의 검증 수준과 컴플라이언스 수준은 강화된다.
- MRI 스캐너 같은 의료 기기의 핵심 부품 관리 내역을 기록하여 영구적 추적 감사를 실현한다.
- 안전 지갑secure wallet에 개인의 진료 기록이나 DNA 정보를 전자 형태로 저장하여 응급 상황 발생 시 열람한다.
- 약품 출처를 검증하여 불법 제조를 방지한다.
- 케이스코인스CaseCoins는 특정 질병의 치료법 개발을 둘러싼 암호화폐 시장을 형성하는 알트코인들의 근원지이다. 한 예로 폴딩코인FoldingCoin은 참여자들이 질병의 치유를 돕기 위해 자신이 가진 컴퓨터의 프로세싱 파워를 공유하고 그 대가로 토큰 자산을 돌려받는 프로젝트이다.[15]

에너지 산업

블록체인을 활용한 애플리케이션은 전력 분산 그리드의 관리 효율성을 높이고 동등 계층 또는 기기 간의 마이크로 거래에 드는 비용을 줄임으로써 규칙 기반 결제 방식인 유통 시장의 생성에 기여한다.

---

14 http://www.ibtimes.co.uk/guardtime-secures-over-million-estonian-healthcare-records-blockchain-1547367 (원주)

15 http://blogs.csc.com/2015/10/30/blockchain-in-healthcare-from-theory-to-reality/ (원주)

독일의 에너지 회사 RWE는 전기자동차 충전소에 블록체인(이더리움상에서 구동되는 Slock.it 기반)을 활용하는 것을 검토하고 있다. 이 서비스를 이용하는 사용자는 차에 전기를 충전하고 마이크로 거래로 결제한다. 충전소가 위변조의 위험 없이 사용자의 인증, 결제, 포인트 적립 업무를 단일 거래 내에서 처리한다. 이로써 현재 에너지 산업의 병목 현상으로 지목되는 대금 지불과 회계 처리가 간소화된다.[16]

LO3 에너지LO3 Energy와 컨센시스의 조인트 벤처인 트랜스액티브 그리드TransActive Grid는 지역 에너지 생산량을 실시간으로 측량하는 비즈니스 로직을 개발하여 입주민들이 재생 에너지를 매매할 수 있는 지역 시장을 구축했다. 2016년 3월 뉴욕 브루클린의 한 마을 주민 10명간의 첫 거래가 성사되었고 백여 명의 주민들로부터 큰 관심을 받았다.[17]

액센츄어는 가정용 기기들의 전력 사용량을 모니터링할 수 있는 스마트 플러그 형태의 개념 증명을 선보였다. 전력 수요가 높아지거나 혹은 낮아질 때, 개조된 블록체인이 더 저렴하게 에너지를 공급하는 전력 공급원으로 갈아타도록 한다. 미터당 소비 전력을 기준으로 전력 비용을 지불하는 많은 저소득층에게 도움이 될 것이다.[18]

그리드 싱귤래리티Grid Singularity[19]는 블록체인을 활용한 에너지 거래 인증 시스템을 개발하고 있다. 이 회사는 선불 결제 방식의 태양 에너지 거래가 더욱 안전하게 운용되기를 원하는 개발 도상국들을 목표 시장으

16는 https://blog.slock.it/partnering-with-rwe-to-explorethe-future-of-the-energy-sector-1cc89b9993e6 (원주)

17 https://www.newsci\entist.com/article/2079334-blockchain-based-microgrid-gives-power-to-consumers-in-new-york/ (원주)

18 http://www.bbc.com/news/technology-35604674 (원주)

19 http://gridsingularity.com/ (원주)

로 삼았으며, 회사의 최종 목표는 에너지 시스템을 위한 블록체인 플랫
폼을 만들어 에너지 그리드상의 모든 거래가 그 기술을 통해 처리되도록
하는 것이다.

5장의 핵심 아이디어

1. 지금보다 훨씬 다양한 산업 및 정부 영역에서 블록체인이 쓰이고
   블록체인을 매개로 한 산업 간 융합 사례들이 많아져야만 그것의
   진정한 파급력을 가늠할 수 있다.

2. 블록체인은 지속적으로 기존 중개자들의 기능을 대체하여 그들의
   영역을 축소하면서 다른 한편으로 신규 참여자가 등장할 수 있도
   록 돕는다.

3. 구글에서 무엇이든 쉽게 검색하듯, 우리는 머지않아 '모든 것이 증
   명 가능한 세상'을 만날 것이다.

4. 금융 서비스업 다음으로 블록체인을 활용한 혁신이 가장 활발히 이
   루어질 곳은 정부, 헬스케어, 에너지 산업이다.

5. 분산된 자율 조직(DAO)는 블록체인 활용 사례로서 중요성이 크다.
   그러나 실제 구현은 아직 초기 단계다.

6장

블록체인 구현하기

"상상은 지식보다 중요하다.
지식은 알고 이해하는 것에 머무르지만
상상은 온 세상을 품게 하기 때문이다."

– 알베르트 아인슈타인

기반 기술일수록 파급력은 크다. 블록체인은 프로세스 개선에 그치지 않으며 잠재성이 최대로 발현되는 순간 와해성 기술disruptive technology로 거듭난다. 우리는 블록체인을 구현하기에 앞서 이 점을 염두에 두어야 한다.

　대다수의 주요 블록체인 플랫폼은 투명성, 협력, 오픈 소스를 기반으로 개발되었으며 여러 참여자의 탈중앙화를 향한 노력이 깃들어 있다. 이로써 발생된 결과는 두 가지로 요약할 수 있다. 첫째, 블록체인 구현 과정은 생각만큼 대단하거나 매력적이지 않다. 둘째, 결과물 도출을 위한 타협 과정 역시 특별한 것 없이 늘 뇌왔던 일상의 언속이다. 블록체인 기술이 성숙기에 접어들 때(2018~2020년경)까지 구현 과정에서의 난관들은 개별 주체가 스스로 헤쳐나가야 한다.

　블록체인은 초기 웹 시절과 비슷한 흐름을 보일 것으로 전망한다. 초기에 웹 시장에 발을 들인 많은 비즈니스가 실패의 고배를 마셨다. 기술이 취약해서 혹은 (경험 부족으로) 비즈니스 모델을 너무 확장해서 혹은 두 가지 모두 문제였던 경우도 있다. 그렇지만 결국 인터넷과 웹 기술은 개선과 진화를 이루었고 강력한 구현 체계를 갖추어나갔다.

보수파는 기술이 무르익어 블록체인의 모든 불확실성이 제거된 후에야 시장에 진입할 것이다. '일찍 일어나는 새가 벌레를 잡기도 하지만, 두 번째 생쥐가 치즈를 먹는다'는 속담도 있듯이 조심성 있게 계획을 세우고 접근하는 것이 이득일 때도 있기 때문에 일부는 보수적 입장을 취할 것이다. 이와 반대로 남들보다 먼저 더 큰 수확을 얻기 위해 위험을 기꺼이 감수하며 선구적인 혁신가가 되길 원하는 이들은 주저 없이 도전할 것이다.

현재 블록체인 구현은 크게 두 가지 접근법을 가지고 시도되고 있다. 첫째는 부가 기술 개념으로 기존 조직 내부에서부터 접근하는 유형이고, 둘째는 조직 외부 접근법으로서 기존의 업무 절차에 연연하지 않는 스타트업에 의해 주도되는 경우다. 3, 4, 5장에서 주로 스타트업의 혁신을 다루었다면 이번 장은 조직 내부에서 일어나는 블록체인의 초기 구현 단계를 다룬다. 더불어 이 장 말미에 스타트업과 조직 내부에서의 접근법을 혼용함으로써 조직 간에 발생하는 기회 요인들을 살펴보겠다.

블록체인 섭렵을 위한 조직 내부 전략

큰 조직이 블록체인을 구현하는 옳고 그른 방법은 따로 없다. 다양한 접근법이 존재할 수 있다. 스타트업은 맨주먹으로 빈 종이 한 장 달랑 가지고 시작하지만, 조직이라면 이미 처해 있는 환경의 구애를 받기 마련이다. 어떤 이가 이렇게 말했다. "하느님이 6일 만에 천지를 창조할 수 있었던 건 당시 아무 기반이 없었기 때문이다." 블록체인도 마찬가지다.

큰 조직이 하룻밤 사이에 블록체인에 대한 해박한 지식을 갖추도록 한다는 것은 어불성설이다.

블록체인이 CEO의 주요 과제로 부상하기 위해 동료 임원들이 지식을 쌓고 생각을 하나로 뭉치려면 절대적인 시간이 필요하고, 이는 결코 쉬운 일이 아니다. 보통 외부 시장이 압박을 가한다거나 조직 내 일부 진보 성향의 직원들이 열렬한 지지를 표하면 임원들도 관심을 가지기 시작하곤 한다.

어느새 리더의 자리에 오른 한 명 또는 그 이상의 직원들이 블록체인을 담당하면 지속적인 탐구 아래 다음과 같은 조직 차원의 질문을 던지게 된다.

- 블록체인을 섭렵하기 위해 어떤 준비를, 왜 해야 하는가?
- 사용 사례, 전략, 구현 방법을 어떻게 개발할 것인가?
- 개념 증명을 어떻게 완벽하게 전개할 것인가?
- 블록체인이 가져다주는 명문화된 효익은 무엇인가? 그 효익은 전략, 운영 중 어느 측면에서 발생하는가?
- 우리는 어떤 교훈을 얻고 있고, 어떤 실수를 저지르고 있는가?
- 우리가 비교 측정치로 삼는 벤치마크는 무엇인가?
- 노력을 효율적으로 투여하기 위해 공유할 만한 베스트 프랙티스로는 무엇이 있는가?
- 연간 달성 목표는 얼마인가?

블록체인 차르

차르czar[1]란 1990년대 초반 리엔지니어링이 산업을 주도하던 시절, 마이

---

[1] 러시아어로 군주, 권위자, 관리자의 의미. 여기에서는 어떤 업무의 최고 조정 책임자를 비유적으로 칭한다.

클 해머와 제임스 챔피가 『리엔지니어링 기업혁명』(김영사, 1993)[2]에서 '리엔지니어링 차르'의 역할을 강조하며 쓰이기 시작했다. 리엔지니어링 차르는 기업 내부에서 직원들의 리엔지니어링을 위한 노력과 헌신을 결집하는 역할을 맡는 사람이었다.

리엔지니어링 차르는 '기업 내부의 리엔지니어링 기술 및 툴 개발을 관장하고 각기 따로 진행되는 리엔지니어링 프로젝트들 간의 시너지 달성을 총괄하는 직원'이라 정의할 수 있다.

리엔지니어링을 실제 단행하는 사람은 차르가 아니다. 그 일은 차르의 지원을 받는 '리엔지니어링 리더'의 몫이다. 해머와 챔피는 리엔지니어링 차르의 역할을 다음과 같이 설명한다.

> 리엔지니어링 차르에게는 두 가지 주요 역할이 있다. 첫째는 개별적인 프로세스 담당자와 리엔지니어링 팀을 지원하는 것이고, 둘째는 현재 진행 중인 모든 리엔지니어링 활동을 상호 조율하는 것이다.

나는 휴렛 팩커드 재임 말년(1995년)에 법인에서 리엔지니어링 차르로 근무했다. 그 당시 리엔지니어링은 경영진의 주요 계획 중 최우선 사안이었기 때문에 CEO에게 직접 보고를 수행했다. 나는 리엔지니어링 프로젝트를 수행하는 열 개 이상 조직의 담당 팀을 지원하며 해머와 챔피의 전략과 접근법을 실행에 옮겨 일을 성공적으로 이끌었다.

차르는 정부 조직에도 대를 이어 존재해왔다. 1993년 당시에는 백악관에서 임명한 11명의 차르가 있었고 빌 클린턴 대통령은 그중 아이라 매거지너Ira Magaziner[3]를 미국 인터넷 차르로 임명했다. 조지 W. 부시 대통령

---

2 2008년 스마트비즈니스에서 다시 번역 출간되었다.

시절(2001~2009년)에는 차르의 직위가 33개로 그 수가 급격히 많아졌으며 버락 오바마 대통령 재임기(2009~2016년)에는 38개까지[3] 늘어났다.[4]

리엔지니어링 시절과 블록체인 초기는 차이점이 있다. 리엔지니어링을 위한 매뉴얼은 1990년대 이미 충분히 존재했고 실행만 남아 있던 상황이었다. 1990년대 초기의 기반 기술이었던 정보 기술(IT)은 당시 매우 안정화된 상태였다. 그에 비해 2016년 현재 기업용 블록체인 기술은 여전히 성장 단계에 있다. 그러나 리엔지니어링 차르의 얼과 혼, 그리고 목적 의식은 현재의 블록체인 기술에 투영하기에 여전히 흠잡을 데 없이 유효하다.

과거에 프로세스 리엔지니어링을 답습하는 것은 곧 가장 순수한 비즈니스 교리를 따르는 일이었다. 블록체인을 응용한 계획과 투자안 역시 또 하나의 교리로 사회에서 수용되길 바란다.

'블록체인 차르'는 비즈니스 운영 방식에 대한 해박한 지식이 필요하며 기술 구현을 통한 비즈니스 프로세스를 리엔지니어링하는 데 필요한 역할과 자질을 갖추어야 한다. 블록체인 차르는 기업의 내부 및 외부 대변인의 역할도 할 수 있다. 되도록이면 연구 부서의 애널리스트들에게 차르를 맡기지 말자. 그들이 비즈니스 운영 이력이 있다면 차르보다는 오히려 혁신 그룹의 일원으로 선전할 수 있다. 블록체인 차르는 기업 내부의 장애 요소를 제거하고, 교육을 활성화하며, 선진 사례를 조직원들과 공유하고, 조직 전반에 걸쳐 발생하는 구현 시도의 진행 상황을 감독하는 큐레이터의 역할을 잘 소화해야 한다. 차르의 역할은 단순히 현재의 프로세스를 자동화하거나 간소화하는 것에 그치지 않는다. 케케묵은 프로세스

---

3 https://en.wikipedia.org/wiki/Ira_Magaziner (원주)

4 https://en.wikipedia.org/wiki/List_of_U.S._executive_branch_czars (원주)

들을 찾아 소거하는 막중한 임무가 있다.

조직 모델

그렇다면 조직 내에서는 블록체인을 어떻게 체계화해야 할까? 다양한 방법이 있다.

일부 기업은 '블록체인 연구소'에 투자하고 있다. 이 연구소에 소속된 소프트웨어 엔지니어들은 블록체인 구현 아이디어의 검증을 위해 직접 나선다. 블록체인 연구소는 보통 조직 내의 다양한 부서들을 대상으로 블록체인의 가능성을 홍보하고 교육하는 데 초점을 맞춘다. 여기에서는 아이디어를 발상하는 것이 아니라 아이디어를 각 부서에 어떻게 전달하고 구현할지 결정하는 업무가 핵심이다.

어떤 조직은 여러 부서 대표로 블록체인 TF 팀을 꾸려 정기적으로 소통하도록 했다. 이 경우 각 구성원의 블록체인 이해 정도나 동기부여 수준이 달라 주어진 일의 진행 과정에 마찰이 발생할 수 있다. TF 팀의 의의는 영향력을 행사하는 차원보다는 정보를 공유하는 집단 지성을 구축하는 데 있다.

또 다른 방식으로, 일반적인 프로세스를 통해 다양한 아이디어를 수렴한 후 연구소에서 아이디어에 대한 개념 증명을 거쳐 최종 선정된 후보안을 관련 사업부와 구현하는 경우도 있다.

접근 방식을 막론하고 단 한 명이라도 뛰어난 사고력과 의사소통 능력을 가지고 블록체인을 열렬히 지지하는 명망 높은 지도자가 있다면, 그 지도자로부터 조직은 큰 혜택을 볼 것이다.

블록체인의 기능적 구조

블록체인의 잠재력을 파악하기 위해서는 그것의 포괄적인 기능을 연구하는 것도 한 가지 방법이다. 여기에서 시장에 존재하는 다양한 접근법을 분석하여 도출된 일반적인 구성 요소 측면의 접근법building block approach을 소개한다.

2016년 현재는 아래 도식처럼 여러 구성 요소들이 산재해 있으나 머지않아 각 요소들이 통합되어 사람들은 점차 개별 구성 요소보다는 겉으로 드러난 역량을 가지고 논할 것이다. 결국 이러한 기술 인프라는 당연한 것으로 여겨질 테고, 비유하자면 소비자가 손수 조립해야 하는 이케아식 가구 대신, 이미 조립이 완성된 가구를 구입하는 방식이 만연할 것이다.

블록체인 기술의 구성 요소는 다음과 같다.

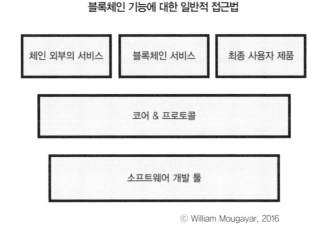

블록체인 기능에 대한 일반적 접근법

| 체인 외부의 서비스 | 블록체인 서비스 | 최종 사용자 제품 |

| 코어 & 프로토콜 |

| 소프트웨어 개발 툴 |

© William Mougayar, 2016

각 구성 요소를 하나씩 살펴보자.

코어 & 프로토콜

P2P 네트워크

P2P 네트워크는 컴퓨터들이 노드로 상호 연결되어 확장 토폴로지를 이루

는 컴퓨터 집합이다. 이는 블록체인의 기초이자 근본 요소다. 각 노드가 동일한 소프트웨어를 구동하므로 전체 네트워크 중복 작업이 내재되어 있다. 그래서 하나의 노드 전원이 꺼졌거나 응답하지 않아도 또 다른 노드의 작업으로 보완이 가능하다. P2P 네트워크를 완전히 무너뜨리는 일은 매우 어렵다. 존재하는 모든 노드를 다운시켜야 하기 때문이다.

합의 알고리즘

'어떤' 노드 또는 '몇 개'의 노드가 거래 검증의 승인 과정에 참여할 수 있는지 정하는 다양한 방법 역시 합의 알고리즘의 환경 설정 작업의 일부다. 또한 이를 통해 합의 형식(공개, 비공개, 반공개)이 정해진다. 채굴은 이 과정에 포함될 수도 있고 안될 수도 있다. 공개 키, 비밀 키, 서명은 합의 알고리즘 기능의 구성 요소다.

블록체인 개발 초기에는 합의 형식을 두고 격론이 벌어졌다. 그러나 기술 개발 단계가 성숙기에 접어들 2018년쯤에는 분명 어떠한 형식이든 안전성, 효율성, 지원 능력만 갖추고 있다면 수월하게 받아들여질 것이다.

가상 머신

우리에게 익숙한 자바 가상 머신(JVM)에서 차용하기는 했으나 블록체인 개발 환경 분야에서는 이더리움이 가상 머신의 개념을 주도하고 있다. 가상 머신은 내부 상태internal state와 컴퓨팅 계산을 관장하는 프로토콜의 한 부분을 말한다. 이것은 수백만 개의 계정에 대한 정보가 저장된 대규모 탈중앙형 컴퓨터(실제로는 여러 P2P 기계로 구성됨)로 볼 수 있다. 그리고 각 계정은 내부 데이터베이스를 업데이트하고, 코드를 실행하며, 또 다른 계정들과 상호 교류한다. 스마트 계약 언어로 작성된 프로그램은 가상 머신에서 동작하도록 컴파일되며, 계약을 생성하기 위해서는 당신의 코드가 포함된 거래를 전송하면 된다.

이력 기록

거래는 데이터 블록에 순차적으로 실제 기록되며(여기서 블록체인이라는 이름을 얻게 되었다) 이 기록은 영구히 유지되고 수정 없이 새로운 기록을 추가하는 것만 허용된다. 블록체인이 분산 원장이라는 주장은 사실 틀린 말이다. 기술적으로 보았을 때는 블록에 기록된 거래의 집합체를 가지고 분산 원장인 척을 하는 것이다. 어쨌거나 블록체인이 제공하는 이력 기록을 기반으로 불변의 분산 원장 앱을 구축할 수 있다.

상태 잔고

우리는 은행에서 발생하는 거래를 두고 자연스레 은행 계좌를 떠올린다. 그러나 비트코인의 설계는 계좌를 중심으로 이루어지지 않았다. 비트코인에는 상태 잔고의 기록을 유지하기 위해, 소비되지 않은 거래 출력^{un-}spent transaction output(UTXO) 개념이 사용되었다. 이는 소비되지 않은 거래 출력이 차후에 새로운 거래 발생 시 입력으로 소비되도록 연결해준다. 어떤 종류의 블록체인들은 또 다른 방법으로 상태 잔고state balance를 기록한다. 리플은 체인으로 엮인 역사적 사실들 대신 네트워크상에 존재하는 현재 잔고들의 스냅샷을 저장하는 원장을 가지고 있다. 이더리움에서 상태는 '계정'이라는 객체들로 이뤄지며, 각 객체는 계정 간의 값과 정보의 직접 전송[5]으로 발생한 상태 전이를 가지게 된다.

---

5 값은 이더리움의 가상 화폐인 이더(Ether)의 상태 전이에, 정보는 스마트 계약의 상태 전이에 관여한다. 스마트 계약 또한 자신만의 계정을 가지게 된다.

블록체인 기능에 대한 일반적 접근법

최종 사용자 관점
명령줄 특수 브라우저 지갑 애플리케이션 다운로드 가능한 클라이언트

코어와 프로토콜
P2P 네트워크 합의 알고리즘 가상 머신 과거 기록 상태 잔고

체인 외부의 서비스
평판 메시징 저장소 거래소 결제 게이트웨이

소프트웨어
API 프로그래밍 언어 개발 환경 스마트 계약 테스팅 샌드박스

온체인 서비스
타임스탬핑 이름 등록 오러클 신원 관리 투표 스마트 계약 토큰화 메시징 자산 연계 존재 증명

© William Mougayar, 2016

블록체인 소프트웨어 개발

블록체인 소프트웨어 개발은 여러 부분으로 구성된다.

- API
- 다양한 클라이언트 구현(C++, 파이썬, 고 언어, 자바, 하스켈)
- 통합 개발 환경(IDE) 및 신속한 앱 개발을 돕는 프레임워크
- 스마트 계약 언어 및 스크립트
- 테스팅 도구
- 샌드박스 환경[6]

---

6 신뢰할 수 없는 프로그램을 샌드박스에서 먼저 실행해보고 보안상의 문제가 없는 경우에 한하여 본 시스템에 적용하는 메커니즘이 있다.

온체인 서비스

- 타임스탬핑
- 이름 등록
- 오러클
- 신원 관리 (온라인, 법적, 익명 등)
- 투표
- 스마트 계약 관리
- 토큰화
- 메시징
- 자산 연계
- 존재 증명

최종 사용자 관점

- 명령줄
- 특수 브라우저
- 지갑
- 애플리케이션
- (애플리케이션의 진입 창구로서) 다운로드 가능한 클라이언트

체인 외부의 서비스

- 평판
- 메시징
- 저장소(DHT, 파일 시스템)
- 거래소(토큰, 자산, 화폐 관련)
- 결제 게이트웨이

기타 요구되는 블록체인 기능

- 암호화된 거래(기밀 전달)
- 모니터링(통계 및 분석)
- 감사^{audit}
- 보안

탈중앙형 앱 작성하기

블록체인의 합의 과정 자체가 탈중앙화를 근본으로 하기 때문에 블록체인이 또 다른 탈중앙형 앱을 지원하는 것은 당연하다. 탈중앙형 앱은 기술적으로, 정책적으로, 또는 두 가지 성격을 모두 아우르는 방향으로 탈중앙화를 달성할 수 있다.

현실적으로 탈중앙형 앱이 모든 상황에 적용되지는 않는다. 이 세상 모든 것이 탈중앙형 앱의 패러다임에 걸맞지는 않기 때문이다. 그러나 여전히 블록체인의 분산 패러다임에 적용 가능한 앱이 많기 때문에 개발자, 크리에이터, 선구자 들에게 충분한 기회가 있다고 볼 수 있다.

탈중앙형 앱은 소유권, 거래 조건, 로직에 관한 자신만의 규칙을 세우는 것부터 시작된다.

탈중앙형 앱을 정교함의 정도로 구분 지어보자.

1. 서비스 요금 결제 수단으로 암호화폐를 이용한다.
2. 자산 등록, 프로세스 진위 검증 등 대개 API로 동작하는 작업을 위한 기능으로써 블록체인 서비스를 이용한다.
3. 일정 요건이 충족되면 특정 값이 반환되는(예: 파생상품) 비즈니스 로직 실행을 위해 블록체인에서 스마트 계약을 이용한다. 이 경우, 디지털 자산의 소유권과 그 소유권의 이관은 블록체인이 관장한다.

4. 앱이 블록체인 없이는 구동할 수 없도록 설계하여 더욱 근본적인 측면에서 블록체인을 활용한다. 일반적으로, 탈중앙형 전자상거래 앱인 오픈 바자처럼 노드들 간의 특정 P2P 네트워크를 설정하는 경우를 예로 들 수 있다.

5. 경제적 토큰이나 화폐단위 대신 자신만의 블록체인을 사용한다(다른 사람들과 공유도 가능하다). 이는 기업 내부에서 대부분의 허가 기반 블록체인이 동작하는 방식이다.

6. 가치의 경제적 네트워크를 생성하기 위해 토큰이나 화폐단위를 포함하는 자신만의 또는 다른 블록체인을 사용한다. 예를 들어 메이드세이프[7]는 사용자의 P2P 네트워크상에서 사용되지 않는 컴퓨팅 자원에 대한 시장을 생성한다.

블록체인 플랫폼의 12가지 기능

블록체인 플랫폼을 평가하는 경우 다음의 기능들을 중점적으로 살펴야 한다.

1. **프로그래밍 가능성**: 정확히 어떤 프로그래밍 언어를 지원하는가?

2. **수용 확장성**: 블록체인이 확장 가능한 노드의 개수는? 상한선이 존재하는가?

3. **업그레이드 가능성**: 블록체인의 개선과 업그레이드를 향한 개발자들의 실적에는 무엇이 있는가?

4. **거래 관리 용이성**: 모든 거래가 실시간으로 투명하게 운영되는가?

5. **가시성**: 블록체인의 모든 활동을 지켜볼 수 있는가?

---

7 http://maidsafe.net (원주)

6. **가격 정당성**: 이 기술을 효율적으로 사용하는 데 드는 비용은 얼마인가?

7. **보안**: 블록체인 보안상의 명시된 기밀 수준은?

8. **속도/성능**: 거래 검증 시 속도 상한선은 얼마인가?

9. **고가용성**: 가동 시간의 실적은 얼마인가?

10. **기능 확장성**: 다양한 부가 프로그램add-on으로 블록체인 기능을 풍부하게 만들 수 있는가?

11. **호환성**: 다른 블록체인 및 관련 기술과 잘 호환되는가?

12. **오픈 소스**: 코드가 오픈 소스인가? 주위 개발자들의 협력 및 기여 수준은 높은가?

CIO와 기업 간부들을 위한 13가지 전략

이슈 1. 블록체인은 레거시를 재정의한다

대기업들은 항상 레거시 애플리케이션들 때문에 사투를 벌인다. 조직이 신기술을 접하는 과정에 제동을 거는 요인이 바로 레거시 애플리케이션이기 때문이다. 모듈 방식의 클라우드 기반 역량을 활용한 현대의 소프트웨어 개발 환경이라든지, 작업 배포를 촉진하는 컨테이너 기반 기술, 또는 신속한 애자일 개발 프랙티스를 통한 지속적 배포 덕분에 당신의 조직의 IT 시스템이 별 탈 없으리라 생각한다면 오산이다. 블록체인 역시 또 하나의 현대 기술이므로 모든 소프트웨어 개발팀의 기술 툴셋에 원활하게 통합 및 흡수되어야 한다.

이슈 2. 블록체인은 전략적 IT 플랫폼이다

1장과 이번 장 초반에 걸쳐 설명한 것처럼 블록체인은 대형 신규 소프트웨어 개발 플랫폼이다. 블록체인은 점차 전략적으로 변모하고 있다. 전략적이라는 의미는 단순한 비용 절감 또는 거래 지연 방지 목적을 뛰어

넘어 경쟁 우위 요소 확보를 위한 전략적 사용 사례를 탐색해야 한다는 뜻이다. 특히 비공개 블록체인과 공개 블록체인이 만나는 지점에서 상당히 혁신적인 애플리케이션들이 출시될 것으로 기대되나 그것은 어디까지나 조직 내부의 공개 블록체인 기술 적용 역량이 일정 수준에 오른 경우에 가능할 것이다.

이슈 3. 블록체인의 어떤 역량을 보유하고 있는가?

조직에서 블록체인 솔루션을 완벽히 적용하기 위해서는 학습, 발견, 디자인, 개발, 관리 다섯 가지 역량이 충족되어야 한다.

- **학습**: 블록체인의 기본 기능에 대해 학습하며 각 기능의 일반적인 역할을 배운다.
- **발견**: 블록체인을 어디에 활용하면 좋을지, 어떤 분야가 블록체인을 필요로 할지에 대답해가면서 기회 영역을 모색한다.
- **디자인**: 발견 단계에서 확인한 가능성을 실현하기 위해 어떤 솔루션 기능이 필요한가? 현재의 비즈니스 프로세스, 계약 및 법적 요건에 어떤 영향이 미칠까?
- **개발**: 소프트웨어 개발, 통합 및 기술의 배포
- **관리**: 끊임없는 소프트웨어 유지, 보수, 지원, 반복적 진화, 신규 기능 추가 및 업데이트

어떤 블록체인 역량을 보유하고 있는가?

학습 ▶ 발견 ▶ 디자인 ▶ 개발 ▶ 관리

© William Mougayar, 2016

이 다섯 가지의 역량을 모두 가지고 있는 회사는 드물 것이다. 학습에서 관리 단계로 나아가는 과정에서 부족한 역량은 그 영역을 전문으로 하는 외부 업체와의 파트너십을 통해 채워나가면 된다. 블록체인 프로그래밍은 웹 애플리케이션 프로그래밍만큼 중요한 경쟁력이 될 것이다.

이슈 4. 파트너 선정 기준

모든 조직은 각자의 자원과 능력에 바탕을 둔 각기 다른 출발선에 서 있으므로, 각자 처한 상황에 맞는 접근 방법을 고르면 된다. 다음 표는 여러 접근 방법을 보여준다.

접근 방법	방식	예
IT 서비스	무엇이든 개발 가능	거대 IT 기업
블록체인	여러 블록체인 툴 및 서비스를 직접 작업	비트코인, 이더리움
개발 플랫폼	IT 전문가를 위한 프레임워크	에리스Eris, 블록앱스BlockApps
솔루션	산업 특화	클리어매틱스, DAH, 체인Chain
API와 오버레이	DIY 조립 부분	오픈 애셋Open Assets, 티어리언Tierion

© William Mougayar, 2016

이슈 5. 백엔드 통합

블록체인 애플리케이션들이 세상에 완전하게 배포되기 시작하면 결국 온갖 백엔드 시스템과 통합하는 과정을 피할 수 없을 것이다. 이전에 소비자용 웹/모바일 앱이 기존의 기업 시스템과 통합을 이루었던 것처럼 말이다. 블록체인은 일부 백엔드 프로세스를 대체할 역량도 있으므로 그 가능성도 놓치지 말아야 한다. 하지만 이전에 시도하지 않았던 새로운 영역에서 블록체인 솔루션을 실행하는 것이 주변의 내부 시스템과 통합할 필요가 없어 훨씬 편리하다는 점을 주지하자. 기존의 시스템 위에서 블록체인 솔루션 개발을 시작한다면 실행까지 18~24개월은 족히 더 걸릴 것이다. 그것보다는 기존에 짊어진 짐에 사로잡히지 말고, 새로운 시도를 원하는 신규 고객을 유치하는 게 낫지 않을까?

이슈 6. 공유 서비스 플랫폼으로서의 블록체인

조직 내부용 애플리케이션 및 사용 사례 외에도 공유 블록체인 서비스 출시를 위한 새로운 기회는 아직 활짝 열려 있다. 그 형태는 수직 영역(특정 금융 서비스 애플리케이션)에서나 수평 영역(일반적인 기록 검증 서비스)에서나 모두 존재한다.

이슈 7. 와해할 것인가, 증축할 것인가

스타트업은 당연히 블록체인을 와해성 기술로 받아들인다. 그러나 대기업은 자신을 완전히 무너뜨릴 수 있는 블록체인을 무턱대고 반길 리 없다. 대기업은 효율 증가 및 비용 절감을 통한 현존 업무 프로세스의 강화 목적으로 블록체인 기술을 활용할 가능성이 크다. 그러나 이 정도로는 블록체인을 충분히 활용했다고 보기 어렵다. 블록체인을 특정 부분을 증축 construct하는 형식으로 수동적으로 사용하는 데 머문다면 와해의 위험은 늘 도사릴 것이다.

이슈 8. 새로운 데이터베이스로서의 블록체인

이 책에서는 데이터베이스로서의 블록체인에 대해 반복적으로 언급했다. 당신의 조직에는 데이터베이스 전문 개발자만큼이나 블록체인 전문 개발자를 두는 편이 낫다. 어느 경우에 종래의 데이터베이스를 사용하고 어느 경우에 블록체인을 사용하는 것이 적합할지 판별하는 능력은 중요하며, 그 두 가지를 함께 사용할 때 각각의 사용 비중을 최적화하는 일은 이보다 더욱 중요하다.

이슈 9. 블록체인 플랫폼

2016년 현재 우리는 여러 구성 요소나 옵션을 선택하여 손수 조립을 해야 하는 상황이다. 과거에 HTML 코드로 웹 페이지를 한 장씩 손수 작성해야 했던 시기와 비슷하다고 볼 수 있다. 서비스로서의 블록체인Blockchain-as-a-service을 통해 상황이 개선되고 있기는 하지만, 아예 완제품처럼 쓸 수 있는 블록체인이 출시된다면 이는 환영받을 만한 진화일 것이다.

이슈 10. 교육 이수 방법

적극적으로 나서서 조직 구성원을 대상으로 블록체인에 관한 교육 방안을 강구할 수도 있고, 시장이 알아서 사회 구성원 전체를 대상으로 블록체인에 대해 지속적으로 교육할 때까지 기다릴 수도 있다. 교육의 시급성을 느끼지 못하는 경우는 대개 블록체인의 잠재력을 완전히 이해하지 못했거나, 다양한 사업부를 대상으로 블록체인의 중요성을 강조해야 할 지도자가 자신의 소임을 다하지 않았기 때문이다.

이슈 11. 막다른 개념 증명 vs. 종단 간 개념 증명

일부 대기업은 새로운 기술을 완전히 받아들이지는 않아도 잠시나마 발을 담글 요량으로 개념 증명(POC)을 많이 사용한다. 이익 보장이 되지 않는 시도이기 때문에 기업도 사력을 다하지 않고 결국 소소한 실험에 그치고 만다. 이런 막다른 개념 증명보다는, 규모가 작더라도 실제 사용자의 경험을 통해 전체적인 제품의 라이프 사이클을 파악하고 최종 결과물을 도출해볼 수 있는 종단 간 개념 증명을 구현해보아야 한다. 즉 개념 증명은 프로젝트 포트폴리오 범위를 좁히는 데 사용될 수도 있으나 그것을 넘어서 종단 간 개념 증명의 시도가 필요하다.

이슈 12. 비즈니스 프로세스 vs. 기술

나는 줄곧 블록체인 실행의 8할은 비즈니스 프로세스 변화이고 나머지 2할이 블록체인에 숨겨진 기술을 이해하는 일이라고 주장해왔다. 물론 이 주장은 당신이 비즈니스 프로세스를 변화시키기 위해 거쳐야 하는 난관을 이겨낼 만큼 열의가 대단하다는 것을 가정한 것이다. 혹시 블록체인 기술이 아직 충분히 여물지 않았다거나 추후에 해결해야 하는 약점이 존재한다고 판단한다면 차라리 비즈니스 프로세스를 재설계하는 데 시간을 할애해도 좋다. 당신이 비즈니스 리엔지니어링을 마쳤을 때쯤이면 블록체인은 전보다 훨씬 쓸 만해져 있을 것이다.

이슈 13. 사용 사례의 포화

사용 사례를 찾기 위한 브레인스토밍은 초기에는 적합하나 그것만으로 충분하지는 않다. 사용 사례는 일회성으로 보일 우려가 있다. 사람들은 시도해보고 마음에 들지 않으면 버리기 때문이다. 사용 사례를 통해 뭔가 성취하기도 하지만 그렇지 않기도 하다. '사용 사례'는 현존하는 프로세스 내에서 적합할 것을 전제로 한다. 그래서 진부함을 넘어 혁신을 달성할 만한 복잡한 선택을 하기에는 그 기준이 너무 낮다. 다음 절에서 블록체인으로 혁신을 이루기 위해서는 어떻게 해야 할지 알아보자.

의사 결정 프레임워크

사람들은 흔히 '블록체인으로 어떤 문제를 해결할 수 있을까'를 자문한다.

좋은 질문이지만 동시에 스스로 한계를 긋는 질문이다. 이 질문을 통해서는 블록체인이 오직 현재 밝혀진 문제점만 해결할 수 있다.

블록체인을 문제 해결 방안으로 한정하지 말고 아예 새로운 기회를 창출할 원동력으로 생각하면 어떨까? 그것에 초점을 맞추기 위해서는 마음가짐도 달라야 한다. 인터넷은 세계 무역의 근심을 해결하는 것으로 시작되었지만 전자상거래를 통해 완연히 새로운 글로벌 무역을 선사했다. 신문사들은 자신들의 문제점이 무엇인지 몰랐지만, 그럼에도 인터넷은 신문사에 도전장을 내밀었다. 소셜 미디어 역시 어떤 문제에 대한 해결책으로 제시된 것이 아니라 인간관계의 향상을 위해 탄생했다.

블록체인의 영향력은 세 가지로 분류할 수 있다.

1. 문제 해결
2. 기회 창출
3. 기능 적용

문제 해결

'문제'의 유형은 다양하다. 여기에서는 아래 나열한 분야에서 블록체인을 통해 직접적인 개선을 이룰 수 있는 애플리케이션을 고민해보겠다.

- **비용 절감**: 백 오피스? 미들 오피스? 고객 서비스?
- **생산성**: 업무 처리량 향상?
- **효율성**: 처리 속도 향상? 컴플라이언스/보고 권한 활성화?
- **시간 지연**: 청산 및 결제 속도 향상?
- **품질**: 오류 축소, 만족도 제고?
- **결과**: 매출 증대? 이익 증가?

- **위험**: 사기 및 노출 가능성 감소?

위 항목들은 문자 그대로 '문제'라기보다는, 어떤 조직이든 갖추고 싶어 하는 비즈니스 요소들이다. 여기에서 블록체인은 겉으로 드러나는 변화를 일으키지 않는다. 이전보다 일을 더 잘하는 내부용 블랙박스로 비유할 수 있다.

'블록체인이 어떤 문제를 해결할 수 있을까'라는 질문이 스스로 한계를 긋게 한다는 의미가 아까보다 설득력 있게 다가가길 바란다. 예를 들어 핀테크 분야에서 은행을 대상으로 하는 스타트업들을 보면, 은행이 가지고 있던 문제를 해결한 것이 아니라 은행이 공략한 시장 또는 제공한 서비스를 차별화하여 공략했다는 것을 알 수 있다. 여기서 티핑 포인트는 기회를 재구성하여 경쟁에 뛰어든 것이다. P2P 대출, 색다른 주택 담보, 훨씬 빠른 승인 절차, 로봇을 활용한 효율적인 투자 등이 이에 해당한다.

기회 창출

기회를 탐색하는 일은 문제 진단보다 훨씬 어려운 일이며 달성하기 어려운 목표다. 혁신을 적용하고 창의적으로 사고하고 근본적인 변화를 단행해야 하기 때문이다. 또한 비즈니스 프로세스 변화와 연관되어 있고 그 변화에는 많은 시간이 소요되기에 달성하기 더욱 어렵다. 다시 한번 주지하지만 블록체인은 8할이 비즈니스 프로세스 변화이고 2할이 기술 구현이다.

새로운 기회를 창출한다는 것은 신규 시장에 진입하거나, 전에는 불가능했지만 블록체인을 통해 실현할 수 있는 새로운 서비스를 제공한다는 의미를 포괄한다. 전에 시도한 적 없지만 실현 가능한 무언가를 구상하는 창의적인 프로세스를 거쳐야 한다. 정형적 사고의 틀을 벗어나 생각하고 블록체인이 적용되기에 알맞은 영역을 깊숙이 탐구하여 이해하는 과정이다.

새로운 서비스 기회의 예를 몇 가지 들면 다음과 같다.

- 새로운 중개자
- 새로운 네트워크
- 새로운 마켓플레이스
- 새로운 청산소
- 새로운 권한

이러한 새로운 기회들은 세 가지 영역에서 새로운 시장으로 발전할 수 있다. 조직 내부, 또는 협력 관계인 두 개 이상의 조직 사이, 또는 애초부터 내부 프로세스와 연결된 적 없는 완전히 새로운 영역이 그것이다. 조직 외부에서 이루어진 것을 공략하는 편이 핵심 통합의 요구 조건에 얽매이지 않아 더욱 수월할 것이다.

- **내부**: 새로운 세부 시장에서 신규 고객을 유치할 수 있는가?
- **외부**: 현존하는 핵심 업무를 떠나 외부의 신규 시장에 진출 가능한가?
- **협력 관계**: 협력을 통해 도전할 만한 미지의 시장이 존재하는가?

기능 적용

이 단계에서는 블록체인의 기능을 가장 밑단부터 다시 적용해보려고 노력한다.

블록체인 기능을 깊이 이해하여 자신의 비즈니스에 구현할 만한 아이디어를 탐색해보는 과정이다. 사실 일반인이 블록체인을 이해하는 것이 블록체인 전문가가 다른 사람의 비즈니스를 파악하는 일보다 훨씬 쉽다. 블록체인은 다음과 같은 기능을 활성화할 수 있다.

- 중개자에 대한 재고
- 서비스 구축
- 서비스 언번들링
- 새로운 가치 흐름
- 탈중앙형 거버넌스
- 신생 법률 프레임워크
- 블록체인상의 스마트 계약 구동
- 분산 원장 공유
- 디지털 자산 생성/발행
- 거래 및 상호작용 내 신뢰 규칙 삽입
- 타임스탬핑
- 디지털 서명 구현
- 증명 용도의 데이터/서류 공증
- 비즈니스 프로세스, 이벤트, 활동 기록 생성
- 데이터/소유권/서류/자산 진위 검증
- 거래 진위 확인
- 거래 조건 부합 여부 확인
- 수지 결산 맞춤
- 금융 정산 마감
- 애플리케이션 내 디지털 신원 내장
- 에스크로 또는 위탁 서비스 제공
- 스마트 기기 안전 거래 지원

블록체인을 데이터베이스와 직접적으로 비교하며 '데이터베이스가 어떤 것을 더 잘해내기 때문에 블록체인 거래는 필요 없다'고 주장하는 것은 옳지 않다. 블록체인은 아예 새로운 패러다임이다. 차라리 블록체인에서 스마트 계약을 실행해본 후 블록체인이 어떤 역할을 하는지 자문해보라. 그리고 거꾸로 블록체인을 어떻게 당신의 비즈니스에 접목하면 좋을지 고민해보라.

사업의 블록체인 전략을 바라볼 때는 늘 문제 해결, 기회 창출, 기능 적용 이 세 요소를 동시에 공략해야 한다. 이들이 삼위일체를 이룰 때 비로소 온전한 조직 내 블록체인 전략이라 할 수 있다.

6장의 핵심 아이디어 ∽∽∽

1. 조직 내부에서의 블록체인 전략을 관리 통솔하기 위해서는 결연한 노력과 리더십이 필요하다.
2. '블록체인 차르'식 접근법은 대규모 조직에서 여러 갈래로 나뉘어 진행되는 각 부문 간의 노력을 상호 조정을 통해 지원하는 효과적인 방법이다.
3. 블록체인을 구현하려면 다수의 새로운 구조적, 기능적 요소들이 조화를 이루어야 한다.
4. 기업들은 각자의 핵심 역량과 외부 파트너십을 고려하여 블록체인 구현법을 정해야 한다.
5. 블록체인은 단순히 어떤 문제를 해결하는 기술이 아니라, 당신이 혁신을 이루고 새로운 기회를 포착하도록 도와주는 기술이다.

7장

탈중앙화: 성공의 열쇠

"어떤 일이든 수월해지기 전까지는
어려운 법이다."

– 토머스 풀러

우리는 블록체인을 통해 탈중앙화된 세상의 모습을 볼 것이다.

블록체인이 단순히 엔터프라이즈 시스템에 적용되거나 기존의 중개자를 대체하는 역할에 그칠 것이라 생각하면 곤란하다. 이것은 단지 시작에 불과하다. 블록체인의 존재 이유는 우리에게 탈중앙화된 새로운 세상을 그리도록 하는 데 있다.

탈중앙화는 무정부 상태도, 불법 행위도 아니다. 탈중앙화를 통해 개인 사용자의 권한은 커지고 제약은 줄어들며, 이를 위해 수많은 기여자, 수혜지, 선도지기 조회를 이룬다. 이것은 공산주의나 사이버펑크 SF의 내용 또한 아니다. 탈중앙화는 또 다른 형태로 새로운 결과물과 가치를 생산함으로써 자본주의를 활성화한다.

블록체인은 분명 가치의 이동 수단이 될 것이다. 여기서 몇 걸음 더 나아가 다수의 블록체인이 서로 교류하며 가치를 거래하는 모습을 상상해 보자. 이것의 결과로 생기는 네트워크 효과는 이전 세대와 비교할 수 없을 만큼 강력할 것이다. 누구나 접근 가능하고 만인에게 공개된 수많은 탈중앙형 서비스들이 우리 세상을 뒤덮는 형상일 것이다.

어쩌면 블록체인은 시장을 통한 자유의 경제를 주장한 노벨상 수상자이자 경제학자, 정치철학자였던 프리드리히 하이에크의 관점을 재조명하도록 이끌지도 모른다. 하이에크는 제대로 작동하는 경제 또는 사회를 만들기 위해서는 탈중앙화가 필요하며, 탈중앙형 경제는 사회 전반에 흩어져 있는 정보의 기본 속성을 보완하는 역할을 한다고 역설했다.[1]

탈중앙형 인터넷에 무슨 일이 벌어진 것일까?

인터넷의 비전이 무엇이었는지 기억하는가? 중앙의 제어는 최소화하고 서비스의 탈중앙화 및 분산화 작업을 만인에게 개방하는 것이 주된 내용이었다. 인터넷이 시작된 1994년 무렵, 케빈 켈리는 저서 『통제 불능』에서 다음의 세 가지 중요한 견해를 남겼다.

- 네트워크는 21세기의 상징이다.
- 그물망 형상net icon에 중앙은 없다. 그물망은 수많은 점이 서로 연결된 것이다.
- 탈중앙화된 (장애 복구 목적의) 자기 복제 조직은 유연하므로 기능의 왜곡 없이 주변 환경에 적응 가능하다.

웹의 창시자 팀 버너스리 역시 웹의 목적 의식을 되찾고자 '우리가 바라는 웹Web We Want' 캠페인[2]을 시작했다. 버너스리는 웹사이트 커뮤니티를 통

---

1   http://www.kysq.org/docs/Hayek_45.pdf (원주)

2   https://webwewant.org (원주)

해 다음과 같이 밝혔다.

검열, 감시, 권한의 집중 등 개방형 웹의 존재를 위협하는 주체가 늘어가는 현실이 우려된다. 경제적 진보와 지식을 선도하는 웹이야말로 누구나 웹사이트를 개설하여 문화와 정보를 공유하는 장이다. 웹을 통해 새로운 비즈니스가 꽃피고 정부의 투명성이 실현되며 시민들은 부당함을 알릴 수 있다.

그렇다! 케빈 켈리와 '우리가 바라는 웹' 캠페인은 인터넷이 더욱 탈중앙화되어야 우리 세상이 밝은 미래로 인도될 것이라 굳게 믿는 사람들에게 찬양 같은 말씀이다.

혹시 당신이 지금의 웹에 만족한다면 '우리가 바라는 웹'이 밝힌 다음과 같은 상황에서도 여전히 행복한지 다시 한번 생각해보자.

광고 수입을 노린 수백만의 스팸 블로그와 웹사이트가 성행하고, 봇에 의해 무의미한 방문자 수만 증폭한다. 양질의 웹사이트조차 자동화된 광고와 트래커로 몸살을 앓기 일쑤여서 웹 서핑을 제대로 하려면 광고 차단 프로그램 사용이 필수다. 마우스 클릭 한 번조차 모두 감시당하고 수익화의 대상이 되며 사람들은 반복되는 콘텐츠를 점점 더 많이 소비하도록 강요당한다.

웹의 공공재 역할은 어디로 긴 걸까?

블록체인은 네트워크의 권력이 중앙에서 가장자리로 이동함을 상징한다. 이것은 우리가 인터넷 초기에 꿈꿨던 비전이다. 지금이야말로 웹의 탈중앙화를 다시 한번 실현할 기회다.

중앙의 신뢰 통치 기관에 의해 세상이 좌지우지되는 것을 당연시하는 사람들이 있는 반면, 중앙에서 가장자리까지 균등한 통치가 이루어질 수 있는 새로운 거버넌스 모델을 기초로 민주주의와 공평함이 더욱 공고해지는 세상을 꿈꾸는 이들도 있다.

잠시 인터넷 얘기는 제쳐두고 우리가 2008년 금융위기에 어떻게 대처했는지 생각해보자. 정책 입안자들은 거리낌없이 더 많은 규제를 양산했다. 미국, 유럽, 아시아 지역의 규제 담당자들이 규제 기관의 통합을 역설하면서 장외 파생상품 거래에서 중앙집권화는 한층 심화되었고, 관리감독 업무가 단일 장애점이 되는 결과를 낳았다. 시스템 리스크를 줄이고자 도입한 도드–프랭크 법[3]의 중앙청산소central clearing counterparty(CCP) 규정은 필요 이상으로 엄격한 나머지 오히려 시스템 리스크를 증폭시켰다. 그 결과 이전에는 널리 분산되어 있던 중앙청산소마저 새로운 '대마불사' 기관으로 변모하였다.

『블랙 스완』과 『안티프래질』의 저자 나심 니콜라스 탈레브는 2012년 뉴욕 타임스에 기고한 논설 「경제적 안정도 안심할 수 없다」에서 "탈중앙형 시스템 환경에서는 어떤 문제든 초장에 바로잡을 수 있다"라고 주장했다.[4]

이렇게 보면 웹은 그동안 수차례 중앙 병목 지점들에 장악당해왔으며, 소위 리스크를 줄이겠다고 규제를 중앙집중화해온 규제 담당자들은 실상 문제를 악화시키는 주범이었던 셈이다.

순탄치 않은 탈중앙화의 길

애플의 아이튠즈는 전형적인 중앙집중형 마켓플레이스이다. 애플이 탈

---

3 정식 명칭은 도드–프랭크 월스트리트 개혁 및 소비자 보호 법(Dodd–Frank Wall Street Reform and Consumer Protection Act). https://en.wikipedia.org/wiki/Dodd–Frank_Wall_Street_Reform_and_Consumer_Protection_Act (원주)

4 http://www.nytimes.com/2012/12/24/opinion/stabilization-wont-save-us.html (원주)

중앙화되었다면 판매 수익의 30퍼센트나 가로채지는 못했을 것이다. 앱 퍼블리셔들이 앱 배포 및 마케팅 비용을 탈중앙화 방식으로 분산하게 되면 애플이 접근 및 검색 지점을 가로막으며 챙겨왔던 30퍼센트 마진의 기회는 상실되기 때문이다. 물론 이것은 가상의 시나리오이다. 그러나 여기서 중요한 것은 가치가 네트워크의 중앙이 아닌 가장자리에 존재한다는 것이다.

엄밀히 얘기해서 검색 및 발견 기능은 중앙에 특화될 필요가 없으며 분산된 방법으로 얼마든지 구현할 수 있다. 가치를 더할 사용자 없이는 아무 발전이 없는 환경이라면 그 가치의 일부를 네트워크 속으로 다시 순환시켜 더욱 큰 가치를 창출하는 것이 순리이지 않을까? 블록체인에서 새로 만들어지고 있는 탈중앙형 앱들은 구조적으로 중앙에서 수수료를 떼는 앱 스토어가 필요 없다.

탈중앙형으로 설계되지 않은 대상을 탈중앙화하는 일은 결코 쉽지 않다. 그러나 애초부터 탈중앙형 네트워크, 플랫폼, 서비스, 제품, 화폐, 마켓플레이스로 설계하는 경우 작업이 훨씬 수월해진다.

탈중앙화는 어떤 모습일까?

이전에는 중앙에 존재하는 권한, 권력, 규제, 승인 없이는 아무것도 돌아가지 않았다. 탈중앙화가 되면 상황은 완전히 뒤바뀐다. 많은 일이 네크워크의 가징자리 또는 그 주변에 있는 노드들로부터 발생한다.

탈중앙화 세계에서 '중앙 운영'의 개념은 설 자리를 잃는다. 기저에 깔린 탈중앙형 프로토콜(예를 들어 전자상거래에서의 오픈바자)이 네트워크 가장자리에서의 탈중앙형 운영을 활성화한다. 즉 모든 활동과 가치가 이 가장자리에서 만들어진다.

탈중앙형 조직의 중추 역할을 담당하는 사용자들로부터 가치가 생산되는 완전한 시스템을 구현하는 일도 가능하다. 사용자가 혜택을 받으면 네트워크 전체도 혜택을 받게 되며 그 혜택은 다시 네트워크의 구성에 기여한 모든 주체에게 돌아간다.

탈중앙화는 중앙을 먼저 구축하지 않는다. 먼저 네트워크가 관심의 대상에서 원활하게 번창할 수 있도록 지원하고, 주변에 존재하는 노드의 작업을 상호 연결하는 플랫폼을 구축한다. 그리고 나서 그 초기 구조물을 근간으로 비즈니스 모델을 세운다. 이로써 이전에 중앙집권형 시스템에서 사용료가 부과되던 항목이 탈중앙형에서는 무료가 될 수 있다. 대신 탈중앙화 구조 자체에서 비롯되는 다양한 수익화 방법 또한 나타날 것이다.

우리가 원하는 속성만 골라서 탈중앙화를 구현하려는 생각은 버려야 한다. 그런 접근법으로는 온전한 탈중앙화를 이룰 수 없다.

누구의 통제도 받지 않고 다수가 공동으로 소유, 운영하면서 모두가 혜택을 누리는 탈중앙형 합의 계층에서 구동되는 비즈니스 로직은 분명히 마법과도 같다. 비즈니스와 블록체인의 접점을 찾아 종전에 찾아볼 수 없던 참신한 사용자 경험을 제공한다면 그 마법을 체감할 수 있을 것이다.

탈중앙화가 마법을 부릴 새로운 사업 영역의 예로는 다음을 들 수 있다. 은행 없는 뱅킹, 개평 없는 도박, 중앙 기구의 직인 없는 소유권 이전, 이베이 없는 전자상거래, 정부 기구의 감시 없는 등록 서비스, 드롭박스 없는 컴퓨터 저장소, 우버 없는 교통 운송 서비스, 아마존 웹 서비스 없는 클라우드 컴퓨팅, 구글 없는 온라인 신원 인증 등. 해당되는 예시는 앞으로 계속 늘어날 것이다. 기존의 서비스 중 임의로 하나를 선택하여 그 업무를 관장해온 중앙 기관을 없애고 P2P 방식의 신뢰 네트워크를 기반으로 서비스를 제공한다고 생각해보자. 그러면 가능성이 보일 것이다.

탈중앙화 기반 서비스의 보편적 특징은 다음과 같다.

- 결제 처리 속도 향상
- 중개자로 인한 업무 지연 근절
- 신원 및 평판 즉시 조회
- 오버헤드 없는 수평적 구조
- 승인 없이 주어지는 접근 권한 증가
- 네트워크 내 신뢰 구축
- 공격에 대한 회복력
- 검열 소멸
- 중앙 장애점 소멸
- 합의에 의한 거버넌스 결정
- P2P 커뮤니케이션

암호 경제

우리의 상상력을 사로잡은 암호화폐의 전형으로 시작한 비트코인이 이제는 블록체인에서 작동하는 수많은 비즈니스와 기술의 실행을 선도하는 주체가 되었다. 여기서 끝이 아니다. 엄청난 글로벌 가치를 창출할 수 있는 암호 기술 주도의 경제체제가 구성되고 있다. 이는 웹이 이룩한 경제 구조와 무관하지 않다.

암호 경제로 진입한 것을 환영한다.

암호 경제는 기존 금융 서비스 시스템을 대체하거나 고객들이 자국의 통화를 암호화폐 전용 지갑에 넣고 다니길 바란다고 생겨나지 않는다. 암호 경제는 자력으로 부를 창출하고 금융거래를 초월한 새로운 형태의 서비스와 비즈니스가 창출될 수 있음을 입증할 수 있을 때 그 모습을 드러낼 것이다.

암호 경제는 인터넷 진화의 역사에 새로운 단계로 자리매김할 것이다. 이 단계를 '탈중앙화 시대'라고 부르자.

　암호화폐 기반의 블록체인 시장은 우리를 어떻게 새로운 국면으로 인도할까? 이것을 알아보기 위해 암호화폐의 맥락에서 돈, 가치, 권리, 결제, 수익 간의 관계를 다시 한번 살펴본 다음, 아래의 두 가지 기본적인 질문에 대해 답해보자.

- 돈이란 무엇인가?
- 돈의 목적은 무엇인가?

돈은 가치의 한 형태이다. 하지만 모든 가치가 돈은 아니다. 가치는 돈의 상위 개념이다. 디지털 세상에서 암호화폐는 완벽한 디지털 돈이다. 블록체인은 디지털 가치를 대상으로 한 완벽한 거래소 플랫폼이며, 이 세상에서 가장 널리 연결된 네트워크인 인터넷에서 동작한다. 여기서 발생하는 결과는 가히 환상적이다. 빠르고, 무료이며, 효율적이고 자유롭게 이동하는 디지털 자산이 생겨난 것이다. 우리가 블록체인을 새로운 '가치 교환' 네트워크라 부르는 이유도 이 때문이다.

　돈은 가치 있는 물건의 대가를 지불하기 위한 수단이다. 어떤 대상을 소유하거나 사용할 '권리'를 얻기 위해 돈을 지불하는 것이 대표적인 예다.

　암호화폐는 프로그래밍이 가능하기 때문에 여타의 기능들을 활성화하는 데 필요한 디지털 정보를 소유하고 있다. 우리가 암호화폐로 '결제' 하면 그 거래에는 신뢰와 연관된 권한, 예를 들면 자산, 정보, 담보, 접근성, 투표권마저 포함된다.

　즉 블록체인은 신규 형태의 메타 거래meta-transaction를 가능케 한다. 메타 거래에서, **가치는 고정된 은행 계좌에 예치되는 본질적인 화폐 가치가 아니라, 거래의 종료 시점에 그 거래의 결과로 잠금이 해제되는 대상으로**

표현된다. 이것은 마치 어떤 '가치'를 아무런 규제 없이 무제한으로 거래할 수 있도록 용인하는 증권시장처럼 보인다. 메타 거래는 종전의 거래보다 훨씬 분산되어 있고 탈중앙화되어 있으며, 당신의 '지갑'이 현실 세계 및 시스템과 직접 연결된 행동을 일어나게 할 수 있다는 측면에서 더욱 적극성을 띤다고 할 수 있다.

암호화폐 토큰을 획득하는 한 방법을 예로 들어보자. 차량 공유 서비스 마켓플레이스 라주즈의 앱을 통해 차량 주행 데이터를 공유하면 암호화폐 토큰을 받을 수 있다. 향후 당신이 다른 라주즈 운전자의 차량 동승 서비스를 이용할 경우 요금 결제는 그에 상응하는 토큰을 공제하는 것으로 갈음한다.

이 사례에서 실질 화폐의 교환이나 결제는 발생하지 않았다. 대신 암호화폐가 간접적으로 획득되었고(운전을 통해), 정보의 소유권이 차량을 공유해준 운전자에게 주어졌으며(차량에 동승하는 당신이 좋은 평판을 가진 적법한 승객이라는 정보), 동시에 당신도 여러 권한을 확인할 수 있게 되고(차량 공유자가 믿을 만한 운전자라는 정보), 서비스가 제공되었으며(목적지로의 이동), 실제 및 가상의 환경이 공존하는 가운데 가치(암호화폐)가 교환되었다. 이는 블록체인을 응용한 앱의 영역에서 최고 난이도를 자랑하는 사례라고 할 수 있다. 이런 가치 교환의 생태계가 정립되기 위해서는 너무도 많은 시장 제약 조건과 변수가 필요하기 때문이다(그래서 라주즈는 시나리오를 완성했음에도 불구하고 2년이 넘도록 서비스 개시를 하지 않고 있다).

앞으로 정보를 공유하여 가상 화폐를 얻음으로써 거래의 기회가 싹트는 폐쇄 루프closed loop**상의 가치 교환 모델이 더 많이 소개될 것으로 기**대한다.

라주즈는 생산자와 소비자 사이에서 가치가 교환되는 유동 시장을 통해 자체적으로 미니경제를 구축한 전형적인 암호 경제 모델이다. 이 운영 모델을 본떠 블록체인 역시 암호화폐 시장 구축을 활성화할 수 있다. 이것은 블록체인이 단순한 '분산 원장'이 아님을 입증할 수 있는 중요한 기능이다.

이는 **가치 창출에 필요한 새로운 움직임**을 만들어낼 것이다. 기존의 화폐가 가능케 했던 것들을 뛰어넘는 움직임 말이다.

암호 경제에 **어떻게 하면** 도달할 수 있을까? 먼저 필요한 기술을 통해 기존 일의 처리 시간을 줄이거나 비용을 낮추는 작업부터 시작한다. 그 후 같은 작업을 전에 없던 혁신적인 방법으로 처리해본다. 이와 유사하게 인터넷 역시 '웹 애플리케이션' 프로그래밍이 등장하며 한 단계 도약했다. 현재의 암호 기술 혁명도 바로 도약 전의 위치에 있다고 볼 수 있다.

그렇다면 **가치의 창출은 어떻게 이루어지는지** 궁금할 것이다.

서비스들을 블록체인에서 구동하여 가치를 창출할 수 있다.

블록체인 서비스들은 웹과 마찬가지로 새로운 생태계를 구축하며 성공을 이어나갈 것이고 시간이 경과할수록 더욱 강력해질 것이다.

우리에게는 이미 가상공간에서 이룬 선례가 있다. 우리는 인터넷을 통해 전자상거래, e비즈니스, e서비스, e마켓을 접했고 이후 대규모 소셜 네트워크 형태의 소셜 웹도 등장했다. 각 분야는 자체적으로 부를 창출했다.

블록체인 기반의 서비스들은 신생 분야인 만큼 아직까지 카테고리의 구분이 명확하게 서지는 않았지만 다음과 같은 형태로 규정해볼 수 있다. 신뢰 요소(신원, 각종 권한, 멤버십, 소유권, 투표, 타임스탬핑, 콘텐츠 사용권)가 블록체인에 저장된 서비스, 계약 요소(내기, 가족 신탁, 에스크로, 작업 증명, 배달, 포상금, 컴플라이언스 증명)가 블록체인에서 구동되는 서비스, 탈중앙형 P2P 마켓플레이스(오픈바자, 라주즈 등), 블록체인에서 거버넌스와 운영이 이루어지는 분산된 자율 조직(DAO) 등이 그 예다.

블록체인 서비스들의 공통점은 무엇일까? 블록체인에서 구동되고 중앙의 제어 없이 규모를 키울 수 있으며 암호화폐로 활성화된다는 점을 들 수 있다. 암호화폐는 라주즈 서비스 이용자들 입장에서 휘발유의 존재와 비슷하다. 휘발유 값의 일부는 차를 빌려 타는 사람이 내는 이용료로, 나머지 일부는 차를 공유하는 사람과 그 차를 이용하는 참가자들이 벌어들이는 언아웃earnout 5으로 보전된다. 이제 암호 기반 서비스들로부터 암호화폐가 생성되고, 그것이 부를 창출하는 새로운 경제 패러다임을 이끄는 과정을 목격하게 될 것이다.

시간이 어느 정도 흐르면 자신의 계좌에 상당량의 암호화폐 잔고를 보유한 사용자의 수가 크리티컬 매스 수준에 다다를 것이다. 그리고 그에 따르는 네트워크 효과가 분명 발휘될 것이다. 그 정도의 환경이 조성되어야만 비로소 암호 경제가 종래의 '1국 1통화' 정책의 금융체제를 격파할 만한 펀치를 휘둘렀다고 얘기할 수 있다.

가치의 새로운 흐름

블록체인은 '가치의 새로운 흐름'을 일으킨다. 이 개념은 2001년 노벨 경제학상을 수상한 마이클 스펜스6가 디지털 기술들이 정보 흐름의 역학을 통해 어떤 방식으로 글로벌 가치 사슬에 변화를 주는지 연구한 내용과 관련 있다.

---

5 이 경우 차를 저렴한 비용으로 공유하는 대신, 공유를 통해 발생하는 수익을 나눠 갖는 방식을 말한다.

6 https://en.wikipedia.org/wiki/Michael_Spence (원주)

마이클 스펜스는 개발도상국이 더욱 거대해진 글로벌 경제의 활성화에 힘입어 전례 없던 속도로 성장하고 있다고 주장했다. 특히 지식, 기술, 교육 분야의 흐름 가속화가 개발도상국의 성장 가속화와 주요한 상관관계가 있다고 보았다.

현재 블록체인을 이용해 가능한 일들도 비슷한 상황을 마주하고 있다. 새로운 글로벌 경제로서의 암호 경제의 출현은 기존의 글로벌 경제와 크게 다르지 않은 성장 과정을 보일 것이다. 우리가 더 큰 시장에 참여하고 정보, 기술, 노하우에 더욱 쉽게 접근할 수 있는 환경이 제공될 것이다.

블록체인은 암호 공간cryptospace 내에서, 또는 암호 공간에서 현실의 물리적 공간으로 가치를 이동하거나 영향력을 행사한다는 점에서 디지털 가치가 있는 모든 것에 균등한 기회를 보장하는 최신 기술이다. 블록체인은 거래의 권력 주체를 일반 개인에게 더 실어주며, 누구나 탈중앙형 애플리케이션 또는 조직과 연계하여 개인이 보유한 암호 가치crypto value를 창출 및 이동할 수 있도록 권한을 이양한다. 지리적 제약 없이 어디나 이동 가능한 마켓플레이스 환경을 (암호) 자본/노동력과 결합할 때 공유 경제가 한층 활성화되는 이점도 있다.

기존 제도하에서 가치를 이전하고 평가하는 주요 수단은 실질 화폐, 상품, 자산이었다. 그러나 이제 우리는 '가치'가 기존의 틀에서 벗어나 이동, 분산, 창출되는 개념에 대해 이제 조금씩 깨우쳐가고 있는 중이다. 이를 통해 새 지평이 열릴 것이다.

기술이 사회에 안착하는 과정

우리 모두 점술가처럼 수정 구슬을 쓰다듬으며 비트코인, 블록체인, 암호화폐, 탈중앙형 애플리케이션, 암호학 기반의 프로토콜과 플랫폼의 미래를 예측해보자. 앞서 열거한 모두를 나는 암호 기술이라고 부른다. 정보와 연관된 모든 기술을 정보 기술(IT)라고 통칭하는 것과 같은 맥락이다.

광의의 개념에서 암호 기술은 인터넷이 사회에 안착한 과정과 비슷한 흐름을 탈 것이다. 지난 20년을 돌이켜보면 인터넷은 다음 네 가지 방면에 영향력을 끼쳤다.

1. 인터넷 전문 회사가 등장하여 새로운 사용자 행동을 세상에 선보였다.
2. 기존 기업 및 (정부) 조직이 내부 운영에 인터넷을 활용하기 시작했다.
3. 인터넷이 일부 산업을 근본적으로 뒤흔들어 설 자리를 잃게 하거나 대대적으로 바꾸어놓았다.
4. 웹이 모든 소프트웨어 애플리케이션 개발의 주요 기반으로 자리 잡았다.

기술이 사회에 안착하는 과정

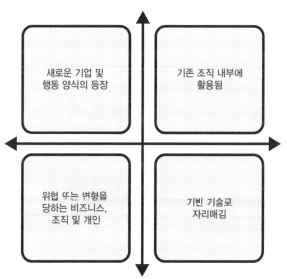

© William Mougayar, 2016

10년 후를 가정해보자. 앞서 기술한 네 가지 방면에서 인터넷이란 단어를 암호 기술로 바꾸면 그 내용이 현실화되어 있을 것이다. 1) 스타트업으로 시작한 암호 기술 기반 회사들이 대기업으로 성장할 것이다. 2) 기존 기업 및 (정부) 조직은 암호 기술에서 새로운 솔루션을 찾아 적용할 것이다. 3) 암호 기술이 일부 산업과 기업을 뒤흔들어놓을 것이다. 4) 암호 기술 개발은 소프트웨어 개발의 기본 요소로 자리 잡을 것이다.

2025년을 들여다보다

앞으로 약 10년간 블록체인을 통해 어떤 세상이 실현 가능할지에 대한 수많은 시나리오가 존재한다. 이 장을 통해 함께 알아보자.

새로운 기업 및 행동 양식의 등장

- 온라인 신원과 평판이 탈중앙화될 것이다. 개인에 관한 데이터의 소유권은 해당 개인에게 있다.
- 우리 스스로 온라인 평판을 관리하게 되고, 주변에 다양한 사람 또는 기업과 교류하는 경우 데이터 중 관련 있는 부분만 상대방에게 노출한다.
- 암호화폐 전용 은행이 생겨나 가상 화폐 기반의 다양한 금융 서비스를 제공할 것이다.
- 탈중앙화 예측 시장decentralized prediction market이 사회경제의 주류로 진입하여 신뢰성 있는 예측을 지속적으로 제공할 것이다.
- 서비스와 재정적 보상으로 일괄 연계된 사용자 생산 가치와 자치 독립 운영 방식을 기반으로, 분산된 자율 조직(DAO)들이 운영될 것이다.
- 동등 계층 사이에서 중개자 없이 신뢰가 보장된 상거래가 자발적으로 일어날 것이며 이 과정에서 그 어떤 마찰이나 알력도 벌어지지 않는다.
- 콘텐츠 유통권과 사용권은 블록체인에 서명되어 위변조가 불가능한 상태

로 기록된다.

- 디지털 자산 및 물리적 성질의 상품에 대한 소유권의 진위 여부를 이전보다 훨씬 쉽게 검증할 수 있다.
- 디지털 또는 하드웨어 전자 지갑이 보편화되어 스마트폰과 웨어러블 기기에 내장된다.
- 마이크로 거래가 일상적으로 일어난다.
- 자산 등록 서비스가 생겨나 현장 방문보다 온라인상에서의 해결 건수가 더 많아진다.
- 누구나 타인과의 비즈니스 로직 및 합의 사항을 구현할 수 있고, 블록체인을 이용하여 강제성을 쉽게 집행할 수 있다.
- 사용자가 일상생활에서 특정 행동을 통해 암호화폐를 얻을 수 있는 서비스가 성행한다.
- 블록체인은 반공개 정보의 대량 저장소가 될 것이다. 정보는 둘 또는 그 이상의 당사자가 합의할 경우에 한하여 공개된다.
- 스마트폰 또는 컴퓨터를 이용한 해외 송금이 수월해지고 보편화된다.
- 현재 우리가 백그라운드에서 데이터베이스를 사용하는 것처럼 일반 사용자들이 숨겨진 블록체인 기술의 존재를 인지하지 못하고 블록체인 기반의 기술들을 사용한다.
- 새로운 탈중앙형 금융 청산 네트워크가 현존하는 청산소를 대체하려 도전할 것이다.
- 금, 은, 다이아몬드 같은 모든 물리적 상품 및 자산이 디지털 형식으로 표출되어 블록체인에서 시공간의 제약 없이 거래된다.
- 2025년경에는 일상에서 통용되는 글로벌 가상 화폐가 수십 가지에 달해 총 시가 5조 달러를 초과할 것이고 100조 달러 규모에 육박하는 세계경제의 5 퍼센트를 차지할 것이다.

기존 조직 내부에 활용됨

- 환자와 의사는 환자의 진료 기록을 실시간으로 안전하게 그리고 영구적으로 공유한다. 기록의 업데이트 역시 탈중앙화 방식으로 안전하고 믿을 수 있는 장소와 헬스케어 제공자로부터 일어난다.
- 법적 구속력을 지닌 거버넌스 관련 이슈들이 분산된 팀들을 통해 실행된다.
- 법적 구속력이 있는 정치 투표 시 원격 투표의 국가적 수준에서 신뢰성이 보장된다.
- 교환 거래(주식, 원자재, 금융상품)에서 거래 검증 및 시장 청산 활동의 간소화 목적으로 블록체인 기반의 신뢰 서비스를 도입한다.
- 대다수의 은행이 일반 화폐와 암호화폐 간의 거래를 지원한다.
- 대다수의 상점에서 암호화폐로 결제 가능하다.
- 회계, 고지서 납부, 재정 보조금 관련 업무를 암호화폐로 처리할 것인가의 여부도 표준 선택지의 하나로 포함된다.
- 디지털 상품은 진본 표식을 위해 육안으로는 확인할 수 없는 스탬프 처리가 된다. 일반 사용자는 특정 상품이 투명한 공급 체인을 가지고 있는지 확인하여 글로벌 생산에 대한 가시성을 확보한다. 사람들은 다양한 상품에 대해서 진위 여부, 품질, 출처에 관한 세부 사항을 명확히 확인할 수 있다.

위협 또는 변형을 당하는 비즈니스, 조직 및 개인

- 현실 세계의 정보를 블록체인과 조합하길 거부하는 비즈니스
- 업무 처리를 게을리하고 높은 수수료를 갈취하며 리스크의 중앙집중화가 과도한 청산소
- 블록체인에서의 자산 가치 이전 및 거래를 지원하지 않는 브로커/딜러
- 대출 방식에 진보가 없는 중앙은행
- 암호 기술을 도입하지 않는 은행

- 등기 업무, 기록 관리, 라이선스, 신원 확인 등의 분야에서 원격 서비스를 제공하지 않는 정부 서비스 기관
- 가상 암호화로 보안된 문서를 처리하지 못하는 공증 서비스
- 계약, 서명, 에스크로, 신탁, 증명, 중재, 상표, 라이선스, 소유권 증명, 유언장 등 모든 사적 기록물에 대한 발행권을 위임받은 자

기반 기술로 자리매김

- 탈중앙형 합의 프로토콜은 공공 및 민간 분야를 막론하고 모든 기술 스택 구현의 기본 구성 요소가 된다.
- 일상에서 자주 쓰이는 기술들은 전부 분산 해시 테이블(DHT)과 IPFS를 이용할 것이다.
- 키-값 저장 데이터베이스가 널리 쓰인다.
- 특수 브라우저가 독특한 블록체인 접속 기능을 가능케 한다.
- 스마트 계약 언어의 개수가 늘어난다.
- 탈중앙형 앱을 만드는 일이 오늘날 웹 앱을 만드는 일만큼 보편화된다.
- 오픈 소스 프로토콜이 활용되어 신규 비즈니스 서비스 및 제품의 생산을 지원한다.
- 신뢰와 검증 요소를 포함하는 비즈니스 로직을 구동하는 것이 실제적인 의미에서 플러그 앤 플레이가 된다.
- P2P 탈중앙형 기본 계층은 데이터 저장소, 컴퓨팅 인프라, 신원 및 평판 조회에서 보편화된다.
- 탈중앙형 신뢰는 중개자에 의해 제어되지 않고 네트워크로 귀속되어 애플리케이션에 내장된다.
- 암호학과 게임이론 학위 과정의 인기가 높아진다.
- 클라우드 컴퓨팅이 더욱 탈중앙화된다.

이 모든 예측은 내가 2000년도에 닷컴 버블을 겪으며 얻은 교훈 한 가지만 잘 지켜진다면 무리 없이 현실화될 수 있다.

과속하지 말라.

하루빨리 블록체인의 혜택을 보고자 하는 사람들은 애가 탈지 모르지만 그렇다고 해서 블록체인이 할 수 있는 일을 너무 앞서 과대 선전한다면 블록체인은 결국 제 선로를 벗어나게 될 것이다.

기술적 혁신의 전개 모델을 설명한 카를로타 페레스의 연구[7]에 비추어보면, 블록체인이 도입 단계(2015~2018년)에서 전개 단계(2018년 이후)로 넘어가는 과정에서 붕괴 현상은 피할 수 없어 보인다. 카를로타 페레스는 기술 경제 패러다임의 이동에 관한 개념과 대파동 이론theory of great surges를 연구한 저명한 학자다. 카를로타 페레스가 옳다면, 사람들이 블록체인의 도입 단계에서 지나치게 조급하게 굴면 전개 단계에서의 찬란한 번영과 순항은 누려볼 기회조차 갖지 못할 수도 있다는 얘기이다.

---

7 『기술혁명과 금융자본』(한국경제신문, 2006)

7장의 핵심 아이디어

1. 블록체인은 엔터프라이즈 시스템만을 대상으로 하지 않는다. 탈중앙화를 통해 궁극적으로 새로운 암호 경제를 구축한다. 이는 우리에게 익숙한 웹 경제의 도입 과정과 유사하다.

2. 백지에서 시작할 때 탈중앙화를 이루기 오히려 수월하다. 기존의 중앙집중형 서비스를 탈중앙화로 변모시키기가 더욱 어렵다.

3. 암호 경제 시장은 가치를 제공하는 참여자들에게 금전적 보상을 제공하여 거래의 기회를 창출하고 자체적으로 부를 생산하는 경제체제를 조성할 것이다.

4. 블록체인은 새로운 형태의 가치의 흐름을 일으켜 글로벌 암호 경제를 실현할 것이다. 이로써 가치가 암호 공간과 물리적 공간을 넘나들며 거래되고 엄청난 규모의 시장 기회를 만들어낼 것이다.

5. 블록체인 기술은 새로운 기업을 탄생시키고 기존 기업을 위협하기도 하며, 살아남고자 안간힘을 쓰는 기존 조직에 변화를 촉구하는 역할을 충실히 이행하며 우리 경제 환경 속에 자리 잡을 것이다.

에필로그

블록체인은 갈구해서 얻은 기술이 아니다. 아주 자연스레 우리 앞에 모습을 드러냈다. 초기에 반응을 보인 사람은 다른 사람들보다 한 발 앞서게 되었을 것이다. 초기에 관심을 보이지 않았다면 이제라도 적극적으로 이 기술에 대해 알아보면 된다. 당신이 블록체인을 이끄는 선구자의 위치인지 그런 선구자들을 따르는 추종자의 위치인지는 중요치 않다. 블록체인을 활용하여 자신만의 비즈니스 전략을 얼마나 잘 다듬는지가 관건이다.

블록체인 구현은 여전히 신규 역량으로 자리매김하고 있다. 불확실성을 핑계 삼아 응당 해야 할 일에 손을 떼고 있으면 곤란하다. 이 책을 읽는 독자를 포함한 우리는 이 분야의 선구자로서 배운 내용들을 공유하여 이 분야에 눈뜨지 못한 사람들을 위한 인도자가 되기 위해 노력해야 한다. 이 때문에 목표 지점에 다다르기까지 시간이 지체될 수도 있다. 하지만 선구자들을 따르는 자들에게 우리의 노력은 분명 큰 도움이 될 것이며, 따르던 사람들이 곧 이 시장을 확장시키고 사용 환경의 질을 높이는 중요한 역할을 할 것이다. 블록체인의 성공은 이 수백 수천만의 사용자에게 달려 있다.

블록체인은 단순한 상업용 기술 이네이블러가 아니라 사회 정치적 변화를 이끄는 도구다. 블록체인의 잠재력을 완전히 이해해야만 그에 걸맞은 목표를 도출하고 성과를 이루어낼 수 있다.

앞에서 암호 경제에 대해 소개한 바 있다. 암호 경제는 블록체인의 잠재력을 최대한 발현한 경제적 성과의 총합이다. 암호 경제는 날 때부터 정치, 구조적으로 탈중앙화된 신뢰 경제이며 누구나 공평하게 접근할 수 있도록 설계되었다. 암호 경제 초기는 모든 것이 불확실하고 뿌옇게 보일지 모른다. 그러나 그 시기를 조금만 견디면 어느새 활기를 띤 암호 경제가 우리에게 실보다 익을 훨씬 많이 안겨줄 것이다.

이 책에서 블록체인을 둘러싼 다양한 주제를 심도 있게 다루었으나 그 내용들은 블록체인의 아주 작은 부분에 불과하다. 블록체인에는 아직도 광활한 미지의 영역이 존재하며 그 영역은 미래에 당신들을 통해 알려질 것이다. 정글과도 같은 블록체인 세계에서 모범 사례나 최우수 아이디어에 대한 정해진 기준은 없다. 아직 풀리지 않은 수수께끼가 끊임없이 꼬리에 꼬리를 물 뿐이다. 블록체인은 세계경제에 어떤 영향을 끼칠까? 블록체인 버전의 아마존, 구글, 페이스북은 어떤 모습일까? 무엇이 티핑 포인트가 될까? 규제 기관들은 곧바로 대응할까, 일정 시점이 될 때까지는 두고 볼까? 합의 원장을 어디에 쓰면 유용할까?

블록체인이 던지는 '혁신 주도'라는 메시지는 간단하지만 그 여운만큼은 강하다. 블록체인의 목표는 더 나은 웹이나 은행 혹은 서비스에 그치지 않는다. 블록체인의 생존은 우리가 그것을 가지고 무엇을 할 것인가에 달려 있으며, 그 무엇 역시 기술적인 기능에 한정되지 않는다. 블록체인은 가장 먼저 개발자와 스타트업 창업가, 기술 비즈니스 종사자를 통해 세상에 알려져 점진적으로 도입될 것이다. 그 이후에는 변화를 추구하는 조직 및 사회가 블록체인을 수용할 것이며 가장 마지막으로는 이전에 변화를 거부했던 조직이 블록체인을 받아들일 것이다.

이 과정에서 양분된 희망이 공존할 것이다. 스타트업들은 언제나 블록체인에 긍정적인 반면, 대기업들은 종종 회의적인 견해를 내놓는다. 블록체인 기반의 비즈니스 모델이 실현되면서 기존의 중개자들 중 일부는 설 자리를 잃을 것이다. 또 한편으로는 프로그래밍을 통해 신뢰성이 확보된 새로운 형태의 중개자들이 등장할 텐데 이들은 가상의 형태를 띠며 투명하고 분산된 형태일 것이다.

이 책을 통해 어떤 방식으로든 영감을 얻었기를 바란다. 내 책과 블록체인에 흥미를 느꼈다면 다음에 출간될『Centerless』도 꼭 읽어보길 권한다. 신뢰, 부富, 정보에 대해서 한층 깊이 생각해볼 계기가 될 것이다. 탈중앙화의 새 시대가 곧 우리 앞에 펼쳐질 것이다.

블록체인은 우리를 어떤 굴레에 속박하지 않는다. 그와는 정반대로 이전에 없던 수준의 자유로움을 보장하며 이 자유를 기반으로 우리가 원하는 어떠한 방식으로든 세상을 프로그래밍할 수 있는 환경을 제공한다.

블록체인은 금세기 최고의 새로운 기술 도구로 인정받을 것이다.

주요 참고문헌

Buterin, Vitalik. "Ethereum and Oracles." *Ethereum Blog*. 2014.
https://blog.ethereum.org/2014/07/22/ethereum-and-
oracles/.

Chaum, David, Debajyoti Das, Aniket Kate, Farid Javani, Alan
T. Sherman, Anna Krasnova, and Joeri de Ruiter. "cMix:
Anonymization by High-Performance Scalable Mixing."
Cryptology ePrint Archive. 2016. http://eprint.iacr.
org/2016/008.pdf.

Chaum, David. "Anniversary Keynote Address Speech,
Financial Cryptography and Data Security 2016." *Twentieth
International Conference*. February 22 - 26, 2016.

"Elements Project, Blockstream." *GitHub*. 2015. https://github.
com/ElementsProject.

"Embracing Disruption: Embracing Disruption: Tapping the
Potential of Distributed Kedgers to Improve the Post-trade
Landscape." *DTCC*. January 2016.

Giancarlo, J. Christopher. "Regulators and the Blockchain: First,

Do No Harm." *Special Address of CFTC Commissioner Before the Depository Trust & Clearing Corporation.* Blockchain Symposium. March 29, 2016.

Hammer, Michael, and James Champy. *Reengineering the Corporation: A Manifesto for Business Revolution.* New York: Harper Collins, 1993.

Kelly, Kevin. *Out of Control: The New Biology of Machines, Social Systems, & the Economic World.* New York: Basic Books, 1995.

Mougayar, William, and David Cohen. "After the Social Web, Here Comes the Trust Web." *TechCrunch.* 2015. https://techcrunch.com/2015/01/18/after-the-social-web-here-comes-the-trust-web/.

Mougayar, William. *Opening Digital Markets: Battle Plans and Business Strategies for Internet Commerce.* New York: McGraw-Hill, 1997.

_____. "How the Cryptoconomy Will Be Created." *Forbes.*

2015. http://www.forbes.com/sites/valleyvoices/2015/01/20/how−the−cryptoconomy−will−be−created/#388906916787.

_____. "Understanding the Blockchain." *O'Reilly Radar.* 2015. https://www.oreilly.com/ideas/understanding−the−blockchain.

_____. "Why The Blockchain Is the New Website." *Forbes.* 2015. http://www.forbes.com/sites/valleyvoices/2015/12/21/why−the−blockchain−is−the−new−website/#9292bb1ac2ef.

_____. "The Bitcoin and Cryptocurrency Investment Landscape." *Startup Management.* 2014. http://startupmanagement.org/2014/04/10/the−bitcoin−and−cryptocurrency−investment landscape/.

_____. "An Operational Framework for Decentralized Autonomous Organizations." *Startup Management.* 2015. http://startupmanagement.org/2015/02/04/an−operational−framework−for−decentralized−autonomous−organizations/.

"Open Blockchain Whitepaper." *IBM.* 2016. https://github.com/

rameshthoomu/obc−docs−1/blob/master/whitepaper.md.

Stanek, Dušan, Marián Vrabko, Markéta Selucká, Vladislav
Mičátek, and Robert Siuciński. *A Lawyer's Introduction to
Smart Contracts*. Łask, Scientia Nobilitat, 2014.

Swanson, Tim. *Great Chain of Numbers: A Guide to Smart
Contracts, Smart Property and Trustless Asset Management*.
Amazon Digital Services, 2014.

Thomas, Stefan, and Evan Schwartz. "Smart Oracles: A Simple,
Powerful Approach to Smart Contracts." *Codius*. 2014.
https://github.com/codius/codius/wiki/.

Toffler, Alvin. *Powershift: Knowledge, Wealth, and Violence at the
Edge of the 21st Century*. New York: Bantam Books, 1991.

찾아보기